essentials

essentials liefern aktuelles Wissen in konzentrierter Form. Die Essenz dessen, worauf es als „State-of-the-Art" in der gegenwärtigen Fachdiskussion oder in der Praxis ankommt. *essentials* informieren schnell, unkompliziert und verständlich

- als Einführung in ein aktuelles Thema aus Ihrem Fachgebiet
- als Einstieg in ein für Sie noch unbekanntes Themenfeld
- als Einblick, um zum Thema mitreden zu können

Die Bücher in elektronischer und gedruckter Form bringen das Expertenwissen von Springer-Fachautoren kompakt zur Darstellung. Sie sind besonders für die Nutzung als eBook auf Tablet-PCs, eBook-Readern und Smartphones geeignet. *essentials:* Wissensbausteine aus den Wirtschafts-, Sozial- und Geisteswissenschaften, aus Technik und Naturwissenschaften sowie aus Medizin, Psychologie und Gesundheitsberufen. Von renommierten Autoren aller Springer-Verlagsmarken.

Weitere Bände in der Reihe http://www.springer.com/series/13088

Judith Mangelsdorf

Positive Psychologie im Coaching

Positive Coaching für Coaches, Berater und Therapeuten

 Springer

Dr. Judith Mangelsdorf
Deutsche Gesellschaft für
Positive Psychologie
Berlin, Deutschland

ISSN 2197-6708   ISSN 2197-6716   (electronic)
essentials
ISBN 978-3-658-27631-7   ISBN 978-3-658-27632-4   (eBook)
https://doi.org/10.1007/978-3-658-27632-4

Die Deutsche Nationalbibliothek verzeichnet diese Publikation in der Deutschen Nationalbibliografie; detaillierte bibliografische Daten sind im Internet über http://dnb.d-nb.de abrufbar.

Springer ist ein Imprint der eingetragenen Gesellschaft Springer Fachmedien Wiesbaden GmbH und ist ein Teil von Springer Nature.
Die Anschrift der Gesellschaft ist: Abraham-Lincoln-Str. 46, 65189 Wiesbaden, Germany

Was Sie in diesem *essential* finden können

- eine Einführung in das *Positive Coaching* – die Anwendung der Positiven Psychologie im Coachingkontext
- eine Zusammenfassung der wissenschaftlich fundierten Coachingkonzepte, die auf der Positiven Psychologie beruhen
- konkrete Interventionen zur wachstumsorientierten Prozessgestaltung
- eine kurze Zusammenfassung von Kritikpunkten und Möglichkeiten, wie Sie diesen begegnen können

Inhaltsverzeichnis

Einleitung 1

Audimax der Freie Universität Berlin. Über 500 Coaches, Therapeuten und Wissenschaftler – darunter auch ich – warten auf die Rede eines der größten Psychologen unserer Zeit. Er ist einer der renommiertesten klinischen Forscher, bekannt geworden durch seine Arbeit zu erlernter Hilflosigkeit und Depression. Prof. Dr. Martin Seligman spricht über einen noch jungen Forschungszweig der modernen Wissenschaft: der Positiven Psychologie. Man könnte eine Stecknadel im Saal fallen hören, als er zu seiner Rede anhebt. Seligman kritisiert. Im sonoren Bass erklärt er, dass nach all den Jahren der Forschung, in denen wir als Psychologen erkundet haben, was unglückliche Menschen von ihrem Leid befreit, wir noch immer nicht verstanden haben, wie wir gesunden Menschen helfen können, ein erfüllteres Leben zu führen. Er kreidete damit auch eine Schieflage der wissenschaftlichen Forschung an, die mehr Interesse an Psychopathologie zeigt, als an der Entwicklung psychisch gesunder Menschen. Dies zu ändern, ist Anliegen der Positiven Psychologie.

Die Ansprache von Seligman in der Freien Universität liegt nun schon mehr als 10 Jahre zurück. Nicht nur die Wissenschaft der Positiven Psychologie, sondern auch ihre Anwendung in Coaching, Therapie und Beratung sind seither mit immenser Geschwindigkeit vorangeschritten. Als ich kurze Zeit später als deutsche Psychologin bei Seligman in den USA erneut studierte und forschte, traf ich viele hochkarätige Wissenschaftler, Therapeuten und Coaches, die sich mit der Frage beschäftigten, wie dieses einzigartige Feld der psychologischen Forschung in die Praxis umgesetzt werden kann. Wie können KlientInnen, PatientInnen und andere Unterstützungssuchende darin begleitet werden, nicht nur Probleme zu lösen und Krankheit zu bekämpfen, sondern ihr Glück zu finden und persönliches Wachstum zu erleben? Die Zusammenfassung der wichtigsten Überlegungen zu dieser Frage finden Sie auf den folgenden Seiten.

© Springer Fachmedien Wiesbaden GmbH, ein Teil von Springer Nature 2020
J. Mangelsdorf, *Positive Psychologie im Coaching,* essentials,
https://doi.org/10.1007/978-3-658-27632-4_1

Dieses Essential führt die zentralen, wissenschaftlich fundierten Coaching-konzepte zusammen, die auf der Positiven Psychologie beruhen. Es zeigt an Hand der wichtigsten theoretischen Grundlagen und konkreter Interventionen, wie die Positive Psychologie Coachings bereichern kann, Ziele schneller und leichter erreichbar macht und gleichzeitig nachhaltig zu persönlichem Wachstum beitragen kann. Viele der hier vorgestellten Interventionen, sind in den seither vergangenen Jahren in meiner Arbeit als Forschende, Coach und Dozentin entstanden. Die Wirksamkeit von einigen dieser Interventionen konnten wir und andere Forscher-gruppen bereits empirisch belegen, andere beruhen auf wissenschaftlich fundier-ten Konzepten. Aber alle teilen eines: Das Potenzial, Menschen zu helfen, Ihren Weg zu finden.

Aufbau dieses Essentials
Die Positive Psychologie ist nicht nur ein Wissenschaftsfeld. Vielmehr impliziert sie auch eine bestimmte Haltung anderen Menschen gegenüber, basierend auf einem humanistischen Menschenbild. Dieses Essential führt Sie zunächst in die Grundhaltung der Positiven Psychologie ein, um Sie dann mit den Grundlagen des *Positive Coachings* vertraut zu machen. Anschließend stellt es Ihnen anhand des klassischen Phasenmodells von Coachingprozessen die Besonderheiten und ausgewählte Methoden des Positive Coachings entlang der folgenden fünf Prozessphasen vor:

1. Vorgespräch und Kennenlernen
2. Klärung des Anliegens und Zielformulierung
3. Positive Diagnostik
4. Prozessarbeit
5. Abschluss und Evaluation

Um zu verdeutlichen, wie die Methoden und Erkenntnisse der Positive Psycho-logie in jede Prozessphase einfließen können, und um sie für Sie direkt handhab-bar zu machen, sind die einzelnen Kapitel an diesem Modell orientiert. Am Ende dieses Essentials finden Sie eine Auseinandersetzung mit den Möglichkeiten und Grenzen des Positive Coachings und den am häufigsten benannten Kritikpunkten.

Ich wünsche Ihnen viel Freude bei der abenteuerlichen Reise hin zu mehr Wachstum im Coachingprozess!

Dr. Judith Mangelsdorf

Einführung ins Positive Coaching

Welchen Lebensweg hätten Sie gewählt, wenn Sie schon früh gewusst hätten, was Sie als Menschen wirklich ausmacht?

Nicht selten heißt die Antwort auf diese Frage: „Einen anderen." Viele von uns teilen das Gefühl, mit all den Ressourcen und Möglichkeiten unserer Zeit eigentlich doch zufriedener sein zu müssen, als wir es wirklich sind. Dieses diffuse Leid rührt nicht selten daher, dass wir nicht leben, wer oder was wir wirklich sind. Wir leben an unserem eigentlichen Potenzial vorbei. Eine Kollegin von mir fasste dies einmal in einem eindrücklichen Bild zusammen: „Wenn ich auf mich und mein Leben schaue, habe ich oft das Gefühl, mich mit einer Machete durch den dichten Dschungel zu schlagen, während zwei Meter neben mir ein sonnenbeschienener Weg verläuft."

Ins Coaching kommen KlientInnen, die sprichwörtlich im Walde stehen, häufig, um ein aktuelles Problem zu bewältigen. Statt ihnen nun ausschließlich, wie im klassischen Coachingprozess üblich, zu helfen, das aktuelle Hindernis zu überwinden, ist Anliegen des Positive Coachings, ihnen gleichzeitig den Weg auf die Lichtung zu ebenen. *Flourishing* ist der Fachbegriff der Forscher der Positiven Psychologie für diesen Zustand, in dem wir unser Potenzial tatsächlich realisieren und gleichzeitig ein hohes Maß an mentaler Gesundheit und psychischem Wohlbefinden erleben (Keyes und Haidt 2003; Seligman 2012).

Menschen nicht nur auf dem Weg zum Ziel, sondern zeitgleich hin zu ihrem Potenzial zu begleiten, kann nicht nur die aktuelle Zielerreichung erleichtern, sondern auch einen neuen Weg in die Zukunft ebnen. Die alles entscheidende Frage ist also: Wie können wir Menschen unterstützen, auf dem Weg zum Ziel ihren eigentlichen Weg zu finden?

© Springer Fachmedien Wiesbaden GmbH, ein Teil von Springer Nature 2020
J. Mangelsdorf, *Positive Psychologie im Coaching,* essentials,
https://doi.org/10.1007/978-3-658-27632-4_2

2.1   Grundhaltung und Menschenbild der Positiven Psychologie

„Betrachte den Menschen als ein Bergwerk, reich an Edelsteinen von unschätzbarem Wert." (Bahá'u'lláh)

Mehr als eine Dekade, bevor Seligman im Audimax der Freien Universität Berlin sprach, hielt er seine Antrittsrede als Präsident der American Psychological Association. In dieser viel zitierten Ansprache machte Seligman deutlich, dass sich die Psychologie seit Jahrzenten darum bemühte, Psychopathologie zu heilen, und dabei den Blick dafür verloren hatte, dass es in der Psychologie nicht nur darum gehen sollte, Krankheit zu heilen, sondern auch darum, Menschen zu einem glücklichen und erfüllten Leben zu verhelfen. Die Wissenschaft der Psychologie hatte sich – zum Teil – in einer Psychopathologisierung des Menschen verfangen. Es brauchte einen neuen Wissenschaftszweig und ein erneuertes wissenschaftlich gestütztes Menschenbild. Dies war die Geburtsstunde der Positiven Psychologie.

Definition
Positive Psychologie ist die wissenschaftliche Erforschung dessen, was das Leben lebenswert macht. Es ist ein Aufruf an psychologische Wissenschaft und Anwendung, sich genauso mit menschlichen Stärken zu beschäftigen, wie mit Schwächen, genauso interessiert daran zu sein, die besten Dinge im Leben zu fördern, wie darin, die schlimmsten zu reparieren und sich im gleichen Maße damit zu befassen, das Leben normaler Menschen erfüllter zu machen, wie damit, Pathologie zu heilen[1] (Snyder und Lopez 2009, S. xxIII).

Diese Definition macht deutlich: jeder Mensch hat Schwächen und jedes Leben seine Herausforderungen. Gleichzeitig trägt jeder von uns einzigartige Stärken und positive Eigenschaften in sich. Diese stehen im Zentrum des Menschenbildes der Positiven Psychologie.

Jeder Mensch ist in sich wertvoll. Diese Haltung der Positiven Psychologie ist zurückzuverfolgen bis hin zu ihren humanistischen Wurzeln. Das Menschenbild des Humanismus (Schuster 2017) lässt sich verkürzt durch folgende Grundannahmen beschreiben: Der Mensch strebt danach, ein selbstbestimmtes und

---

[1]Original: „Positive Psychology is the scientific study of what makes life most worth living. It is a call for psychological science and practice to be as concerned with strengths as with weakness; as interested in building the best things in life as in repairing the worst; and as concerned with making lives of normal people fulfilling as with healing pathology." (Snyder und Lopez 2009, S. xxIII)

gleichzeitig auf andere bezogenes Leben zu führen, und ist fähig und gewillt, seinem Leben Ziele und Sinn zu geben. Zusätzlich wird im Besonderen im Zusammenhang mit der Positiven Psychologie betont, dass der Mensch ein Geschöpf ist, das nach Selbstverwirklichung strebt und danach, sich gemäß seinen Möglichkeiten zu entwickeln und zu wachsen. Aber worin genau bestehen unsere Möglichkeiten? Und wie können wir diese in Coaching und Begleitung erkennen und nutzbar machen?

2.2 Grundlagen des Positive Coachings

„Über sich hinauswachsen" – mit diesen Worten beschreiben wir Prozesse, in denen es Menschen gelingt, aus den gewohnten Mustern ihres Denkens, Fühlens und Handelns herauszutreten und sich und der Welt neu zu begegnen. Positive Coaching ist dabei eine Methode, die einen veränderten Fokus und eine wachstumsorientierte Herangehensweise basierend auf der Wissenschaft der positiven Psychologie in den Coachingprozess einbringt. Der Ansatz des Positive Coachings stellt dabei keine eigenständige Coachingschule dar. Vielmehr ergänzt er etablierte lösungsorientierte Verfahren, wie das systemische Coaching, um eine wachstumsorientierte Perspektive und spezielle Methoden der Positiven Psychologie. Auf die Besonderheiten des Positive Coachings wird im Folgenden eingegangen. Eine ergänzende, allgemeine Einführung ins Coaching und der wichtigsten Grundtechniken finden Sie beispielsweise bei Radatz (2018).

Definition
Positive Coaching ist ein wissenschaftsbasiertes, klientenzentriertes und stärkenfokussiertes Verfahren, welches Theorien und Methoden der Positiven Psychologie zur Anwendung bringt und zum Ziel hat, persönliches Wachstum zu befördern über den Prozess der Problemlösung hinaus.

Menschen im Positive Coaching zu begleiten bedeutet nicht nur, Schritte zur Lösung zu erarbeiten. Vielmehr geht es darum, KlientInnen mit jedem Schritt Richtung Lösung auch näher an ihr Potenzial zu führen und gleichsam über sich hinaus wachsen zu lassen. Es ist dabei keine Alternative zu etablierten Coachingverfahren, sondern eine Ergänzung, die hilft, den Prozess freudvoller, tiefgehender und nachhaltiger zu gestalten.

   Dabei ist dieses Herangehen schon lange keine Nische von wissenschaftsaffinen Psychologen mehr. Palmer und Whybrow (2017) fragten über 200 Coaches: Was ist die Methode, die Sie am meisten verwenden? Auf Platz eins und zwei landeten traditionsgemäß die kognitiv-behavioralen und lösungsorientierten systemischen Verfahren (Palmer und Whybrow 2017). Neben diesen klassischen Ansätzen halten seit Neuestem die Erkenntnisse und Ansätze der Positiven Psychologie Einzug in die Coachingpraxen. Palmer und Whybrow (2017) fanden heraus, dass bereits an dritter Stelle die Methoden der Positiven Psychologie genannt wurden. Dies ist umso erstaunlicher, da es sich um eines der jüngsten psychologischen Forschungsfelder handelt. Zugleich macht es deutlich, wie groß die Resonanz unserer von Beschleunigung, Leistungsdruck und Kritik getriebenen Zeit auf ein Wissenschaftsfeld ist, dass im Wesentlichen die Frage stellt: Was ist gut an dir?

Prof. Robert Biswas-Diener (2010), der als einer der bedeutendsten Vertreter dieses Ansatzes gilt, hat drei Kerneigenschaften des Positive Coachings formuliert, die im Folgenden kurz erläutert werden:

- Wissenschaftsfundierung
- Wachstumsorientierung (positiver Fokus)
- Nutzung positiver Emotionen

Wissenschaftsfundierung

„Positive Psychologie ist die Wissenschaft im Herzen von Coaching" (Kauffman 2006, S. 219). Dieser berühmte Satz der Harvard-Professorin Carol Kauffman unterstreicht einen der bedeutsamsten Aspekte des Positive Coachings: die Wissenschaftsfundierung. Anders als in den meisten Begleitansätzen beruht die Theorie des Positive Coachings nicht auf Erfahrungswissen, sondern auf wissenschaftlicher Evidenz (Biswas-Diener 2010). Es gibt eine Vielzahl von Themenfeldern innerhalb der Positiven Psychologie, die von hoher Relevanz für den Coachingkontext sind, wie Engagement, Sinn oder Lebensglück (Seligman 2007, S. 266). Besonders in Zeiten von Fake-News und immer neuen Coachingansätzen kann dieser Umstand nicht nur Sicherheit schenken, sondern auch viele wertvolle Erkenntnisse für die professionelle Begleitung von Menschen liefern.

Wachstumsorientierung (positiver Fokus)

Im Positive Coaching sollen KlientInnen nicht nur auf dem Weg vom Problem zur Lösung begleitet werden, sondern währenddessen auch sich selbst, den eigenen Stärken, Werten und dem persönlichen Lebenssinn näherkommen. Diese Ressourcen nachhaltig zu erschließen, die unabhängig von sich verändernden Lebensumständen sind, ist immer begleitendes Ziel. Hierin unterscheidet sich Positive Coaching von klassischen Verfahren, deren Prozess endet, wenn die Lösung des Problems gefunden ist. Damit ergänzt die Positive Psychologie die problem- und lösungsorientierten Ansätze um ein weiteres Herangehen: die Wachstumsorientierung.

Die meisten Begleitansätze und Schulen in Coaching und Therapie lassen sich dahin gehend unterscheiden, ob sie primär problem- oder lösungsorientiert sind. Hinter problemorientierten Ansätzen, wie der Psychoanalyse oder der tiefenpsychologisch fundierten Psychotherapie steht die Grundüberzeugung, dass das Problem und vor allem dessen Ursprung durchdrungen und verstanden worden sein muss, um es nachhaltig lösen zu können. In Abgrenzung dazu gehen lösungsorientierte Ansätze wie die systemische Kurzzeittherapie nach Steve De Shazer davon aus, dass das Problem und dessen Lösung nur wenig miteinander zu tun haben, und dass es nicht notwendig ist, das Problem in Tiefe zu kennen, um dessen Lösung zu finden (De Shazer et al. 2018). Trotz der Unterschiede dieser beiden Ansätze teilen sie ein gemeinsames Ziel: das Problem aufzulösen und zu einer Lösung zu führen. Der Auftrag ist erfüllt und der Begleitprozess beendet, sobald sich eine zufriedenstellende Lösung gefunden hat.

Hiervon unterscheidet sich das Positive Coaching. Das Anliegen, mit dem die KlientInnen kommen, wird hier als auslösender Moment verstanden. Selbstverständlich geht es auch in diesem Coachingformat darum, die KlientInnen dabei zu unterstützen, ihre Lösung zu finden. Gleichzeitig steht aber darüber hinaus die Frage im Mittelpunkt, was die KlientInnen im Lösungsprozess über sich, ihre Stärken, ihre Werte, und ihren Lebenssinn erfahren, und wie sie dieses Wissen auch in Zukunft nutzen können. Es geht darum, im Zuge der Lösungsfindung, Ressourcen zu erschließen, Flourishing zu fördern und Potenziale freizusetzen, die die KlientInnen nicht nur bei ihren aktuellen Anliegen unterstützen, sondern auch darüber hinaustragen. So wird aus einem Lösungsfindungsprozess ein Wachstumsprozess.

Nutzung positiver Emotionen
Wegbereiter des Positive Coachings ist die aktive Nutzung positiver Emotionen (Biswas-Diener 2010). Während der evolutionäre Nutzen negativer Emotionen, wie Angst, Scham oder Schuld leicht verständlich und zugänglich ist, schien es lange so, als brächte das Erleben positive Emotionen, wie Freude oder Stolz, nicht wirklich einen Vorteil. Dies widerlegte die amerikanische Forscherin Barbara Fredrickson und zeigte in ihrer jahrzehntelangen Forschungsarbeit, das positive Emotionen eine der wichtigsten Grundlagen für menschliche Entwicklungsprozesse darstellt. Wenn wir uns im Zustand positiver Emotionalität befinden lassen wir uns schneller auf Neues ein, sind bereit veränderte Perspektiven einzunehmen und Unvertrautes zu erproben (Fredrickson 2004). Damit sind sie nicht nur freundliches Beiwerk eines Begleitprozesses, sondern zentrale Wegbereiter, um den Aufbau neuer Denk- und Handlungsmuster im Coaching zu ermöglichen.

Das Phasenmodell im Positive Coaching 3

Jeder Coachingprozess durchläuft fünf Prozessphasen. In der ersten Phase, dem Kennenlernen, geht es zunächst darum, Beziehung herzustellen und gegebenenfalls schon mehr über die KlientInnen und deren Anliegen zu erfahren. In der zweiten Phase, der Zielklärung, wird konkret besprochen, woran gearbeitet werden soll und was die KlientInnen im Coaching erreichen möchten. In der dritten Phase, der Diagnostik, geht es darum festzustellen, welche Ressourcen die KlientInnen für ihre Zielerreichung mit in den Prozess bringen. Es folgt Phase vier, die Prozessarbeit, in der die konkreten Schritte zum Ziel erarbeitet werden. Die letzte Phase des Coachingprozesses, der Abschluss, dient dazu, den Prozess zusammenzufassen und den Transfer des Erarbeiteten in den Alltag zu ermöglichen. Obwohl diese fünf Phasen in einer gewissen Logik aufeinander aufbauen, können einzelne Punkte auch in systemischen Schleifen mehrfach durchlaufen oder parallel gearbeitet werden. Außerdem unterscheiden sich die unterschiedlichen Coachingschulen darin, wie viel Bedeutsamkeit den verschiedenen Phasen zugemessen wird und wie diese konkret ausgestaltet und methodisch umgesetzt werden.

Im Positive Coaching gibt es fünf zentrale Elemente, die sich von anderen Coachingprozessen unterscheiden, um Wachstum zu unterstützen: positiver Fokus, Gestaltung der Zielsetzung, Auswahl der Diagnostikkriterien, Elemente der Prozessgestaltung und die Durchführung des Abschluss- und Feedbackprozesses. Die Besonderheiten des Positive Coachings in den verschiedenen Prozessphasen sind in Abb. 3.1 kompakt in einer Übersicht zusammengefasst und werden danach kurz erläutert. Außerdem gibt Abb. 3.1 Ihnen einen Überblick darüber, welche allgemeinen Ziele in der jeweiligen Prozessphase im Coaching verfolgt werden, welche besonderen Ziele im Positive Coaching dazukommen und welche Beispielmethode in dieser Phase zur Anwendung kommt.

© Springer Fachmedien Wiesbaden GmbH, ein Teil von Springer Nature 2020
J. Mangelsdorf, *Positive Psychologie im Coaching,* essentials,
https://doi.org/10.1007/978-3-658-27632-4_3

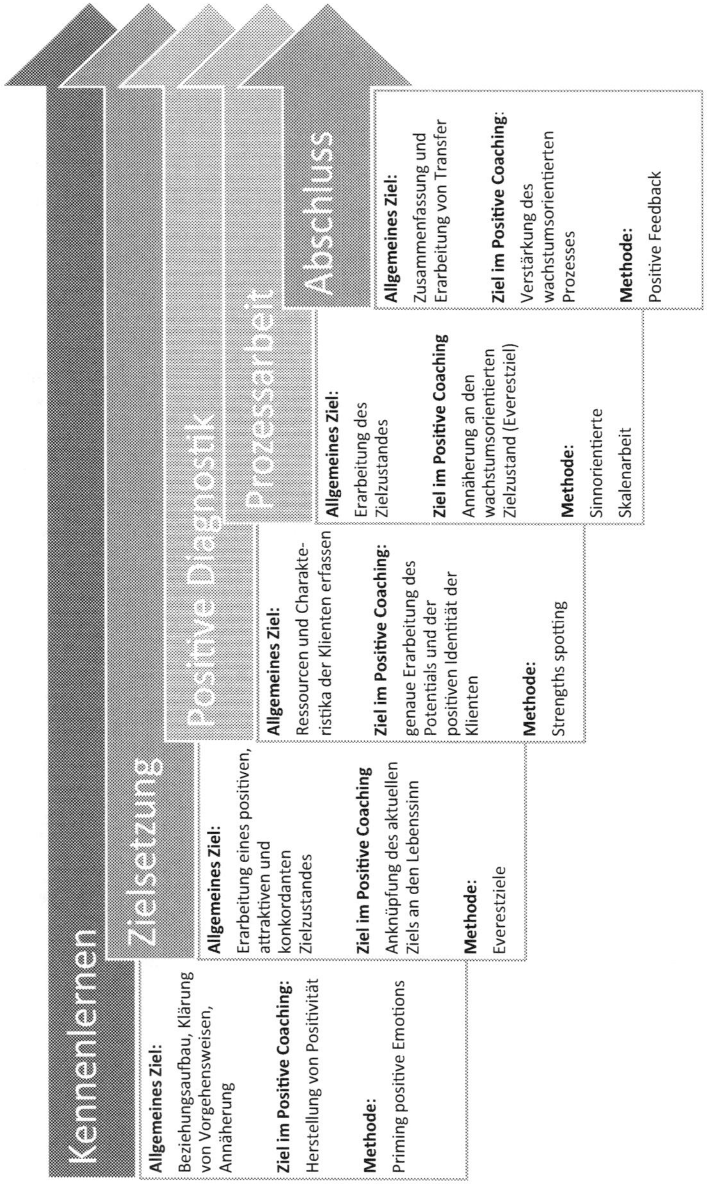

Kennenlernen

Allgemeines Ziel:
Beziehungsaufbau, Klärung
von Vorgehensweisen,
Annäherung

Ziel im Positive Coaching:
Herstellung von Positivität

Methode:
Priming positive Emotions

Zielsetzung

Allgemeines Ziel:
Erarbeitung eines positiven,
attraktiven und
konkordanten
Zielzustandes

Ziel im Positive Coaching
Anknüpfung des aktuellen
Ziels an den Lebenssinn

Methode:
Everestziele

Positive Diagnostik

Allgemeines Ziel:
Ressourcen und Charakte-
ristika der Klienten erfassen

Ziel im Positive Coaching:
genaue Erarbeitung des
Potentials und der
positiven Identität der
Klienten

Methode:
Strengths spotting

Prozessarbeit

Allgemeines Ziel:
Erarbeitung des
Zielzustandes

Ziel im Positive Coaching
Annäherung an den
wachstumsorientierten
Zielzustand (Everestziel)

Methode:
Sinnorientierte
Skalenarbeit

Abschluss

Allgemeines Ziel:
Zusammenfassung und
Erarbeitung von Transfer

Ziel im Positive Coaching:
Verstärkung des
wachstumsorientierten
Prozesses

Methode:
Positive Feedback

Abb. 3.1 Ziele und Methoden des Positive Coachings in den verschiedenen Prozessphasen

In den darauffolgenden Kapiteln finden Sie für jede Prozessphase geeignete Methoden und konkrete Vorgehensweisen, sowie die zugrundeliegenden Theorien und Forschungserkenntnisse, kompakt erklärt.

Die Besonderheit des Positive Coaching-Ansatzes auf einen Blick

Haltung und Fokus Während das Positive Coaching auf lösungsorientierten Verfahren aufbaut, wird gleichzeitig ein zentraler Fokus auf das Persönlichkeitswachstum der KlientInnen gelegt. Diese Schwerpunktsetzung zeigt sich speziell in der Stärkenfokussierung des Verfahrens. Zu jedem Zeitpunkt des Coachingprozesses werden die persönlichen Stärken der KlientInnen mithilfe des *Strength spotting* herausgearbeitet und für den Prozess und die Weiterentwicklung nutzbar gemacht.

Positivität in der Kennenlernphase Die wissenschaftliche Forschung der Positiven Psychologie hat einen entscheidenden Schlüsselfaktor für das Ermöglichen und Beschleunigen von Entwicklungs- und Veränderungsprozessen hervorgebracht: Positive Emotionen. Die *Broaden-and-Build-Theorie* hat gezeigt, dass Menschen in einem glücklichen Zustand in größeren Zusammenhängen denken, bereit sind, ungewöhnliche und neue Wege zu gehen, und sich eher auf Veränderungen einlassen (Fredrickson 2004). Diesen Umstand nutzt das Positive Coaching, indem aktiv positive Emotionen in den KlientInnen evoziert werden, um den Coachingprozess zu beschleunigen und bessere Lösungen zu generieren.

Zielsetzung Anders als in üblichen Vorgehensweisen, in denen die Zielfindung primär darin besteht, aktuelle Herausforderungen zu verstehen und einen passenden Lösungszustand zu definieren, wird im Positive Coaching das angestrebte Ziel aktiv in einen größeren, am Lebenssinn orientierten Rahmen gesetzt. Dabei kann das Ziel durch die Methode der *Everestziele* an den Lebenssinn geknüpft werden. Dieses Vorgehen ermöglicht, dass bei der Zielverfolgung gleichzeitig Schritte in Richtung der Realisierung des eigenen Lebenssinns gegangen werden, es erhöht die Motivation und lässt das aktuelle Ziel erreichbarer erscheinen.

Positive Diagnostik Wie auch in der Therapie, spielt die Diagnostik im professionellen Coaching eine entscheidende Rolle. Die Bedeutsamkeit von diagnostischen Prozessen liegt dabei sowohl in der Anpassung und Optimierung des Coachingprozesses, als auch in der Selbsterkenntnis der KlientInnen. Im Positive Coaching werden primär zwei diagnostische Ziele verfolgt. Zum einen wird das Flourishing bzw. Wohlbefinden als ein Gütemaß des Coachingprozesses verstanden. Zum anderen werden im Verlaufsprozess die wichtigsten positiven Identitätsmerkmale der KlientInnen herausgearbeitet, wie persönliche Stärken, eigene Werte und individueller Lebenssinn. Das auf diese Weise vertiefte Wissen über die eigene Identität soll nicht nur helfen, das aktuelle Anliegen besser lösen zu können, sondern ist gleichzeitig eine nachhaltige Ressource für die Bewältigung zukünftiger Herausforderungen.

Gestaltung der Prozessarbeit Im Zentrum des Positive Coachingprozesses steht das Ermöglichen von Wachstum und Erkenntnis über die bloße Zielerreichung hinaus. Es geht darum, die erarbeiteten Elemente der positiven Identität der KlientInnen, wie beispielsweise deren Stärken, aktiv in den Prozess einzubinden und konkret für diesen nutzbar zu machen. Dieser Prozess der Potenzialentfaltung ist generell so angelegt, dass er über das eigentliche Coaching hinaus auch im (Arbeits-) Leben der KlientInnen wirken kann.

Abschluss und Feedback Im Positive Coaching ist das abschließende Feedback des Coaches an die KlientInnen zentraler Bestandteil des eingeleiteten Entwicklungsprozesses. Dabei ist das primäre Ziel die Steigerung der Motivation zur Weiterführung der angestoßenen Prozesse. Den KlientInnen werden die gewonnenen Einsichten über Ressourcen, Stärken, Werte und Sinn gespiegelt und an konkreten Beispielen das im Coaching realisierte Wachstum zurückgemeldet mit der zentralen Frage: Wie kann der initiierte persönliche Entwicklungsprozess weiterbefördert werden?

Lassen Sie uns nun gemeinsam auf die Reise durch einen positive Coachingprozess gehen, vom Kennenlernen bis hin zum Feedback. In den nun folgenden Kapiteln finden Sie die wichtigsten theoretischen und praktischen Konzepte, die Sie benötigen, um KlientInnen durch einen wachstumsorientierten Coachingprozess zu leiten.

3.1   Kennenlernen – Positive Emotionen als Grundlage wachstumsorientierten Coachings

Was sagen Sie, nachdem Sie „Guten Tag" gesagt haben? (Berné 1975)

Die Weichen für einen wachstumsorientierten Coachingprozess werden früh gelegt. Ob innerhalb eines Coachings vor allem Probleme gewälzt, deren Lösungen erarbeitet oder tatsächlich Wachstum ermöglicht wird, entscheidet sich nicht erst in der Phase der Prozessarbeit. Vielmehr beginnt die Wachstumsorientierung im ersten Moment der Begegnung, dem Kennenlernen. Sie fußt auf den Emotionen, die diese Begegnung auslöst. Grundlage jedes Positive Coachings ist daher das aktive Nutzen positiver Emotionen (Biswas-Diener 2010). Diese sind über den gesamten Coachingprozess entscheidend, haben aber die größte Bedeutung in der Phase des Kennenlernens.

Das bedeutet, dass eine zentrale Aufgabe innerhalb des Positive Coachings ist, bewusst positive Emotionen zu ermöglichen, auch, und grade dann, wenn KlientInnen belastet zum Coaching erscheinen. Hierbei geht es nicht unbedingt darum, Ihr Gegenüber zum Lachen zu bringen. Viele positive Emotionen wie Dankbarkeit, Gelassenheit, Erstaunen, Stolz, Interesse, Hoffnung, Inspiration oder Liebe können sich ganz im Stillen abspielen (Fredrickson 2011). Sie kommen vielleicht nur durch eine entspanntere Haltung, eine ruhigere Atmung und mehr Blickkontakt zum Ausdruck. Fredrickson's Forschung deckte gleich drei entscheidende Gründe auf, weswegen positive Emotionen in jedem Coachingprozess eine zentrale Rolle spielen sollten:

Positive Emotionen erweitern Denk- und Handlungsmuster (Fredrickson 2004) Die *Broaden-and Build-Theorie* besagt, dass wir beim Erleben positiver Emotionen eher bereit sind, uns auf neue Beziehungen, Gedanken, Lösungswege und Aktivitäten einzulassen. Dies führt langfristig zum Aufbau nachhaltiger persönlicher Ressourcen, wie tragender Beziehungen, Resilienz und Gesundheit (Fredrickson 2004). Wird also in der Kennenlernphase des Coachingprozesses das Erleben positiver Emotionen aktiv gefördert, trägt dies nicht nur zu einem schnelleren Beziehungsaufbau bei, sondern ermöglicht den KlientInnen auch früher, die Problemtrance hinter sich zu lassen und sich für neue Denkmuster und Sichtweisen zu öffnen. Diese Erweiterung im Denken, die durch das Erleben positiver Emotionen ausgelöst wird, macht sich das Positive Coaching zunutze. Ziel ist daher, die KlientInnen auch, und grade bei emotional sehr belastenden Themen immer wieder in einen Zustand positiver Emotionalität zu führen.

Positive Emotionen wirken negativen Emotionen entgegen Fredrickson erforschte mit ihren KollegInnen auch den sogenannten *undoing effect* positiver Emotionen (Fredrickson et al. 2000). Sie fand heraus, dass das Erleben positiver Emotionen negativen Emotionen entgegenwirkt. Somit können KlientInnen schon frühzeitig im Coaching aktiv entlastet werden. Dies bedeutet nicht, dass negative Emotionen keine Rolle spielen dürfen oder nicht bedeutsam sind. Wohl sind sie aber häufig Teil der Problemtrance, die es zu überwinden gilt, um eine Orientierung hin auf das Ziel und dessen Erreichung zu ermöglichen (Wagner und Russinger 2018).

Positive Emotionen unterstützen nachhaltige Verhaltensänderungen

Die Theorie der Aufwärtsspirale bei Lebensstilveränderungen[1] besagt, dass positive Emotionen, die während der Ausübung eines bestimmten Verhaltens erlebt werden, zu unbewussten Motiven für dieses Verhalten beitragen. Diese Motive erhöhen dann wiederum die Wahrscheinlichkeit, dass das entsprechende Verhalten aufrechterhalten wird (Fredrickson und Joiner 2018). Konkret bedeutet dies, das Verhalten, das im Coaching erprobt wird – wie zum Beispiel neue Kommunikationsstile – im Alltag mit größerer Wahrscheinlichkeit umgesetzt wird, wenn es an das Erleben positiver Emotionen gekoppelt ist. Bislang wurde die Theorie vor allem in Bezug auf Veränderungen im Gesundheitsverhalten empirisch belegt (Van Cappellen et al. 2017). Es ist aber anzunehmen, dass sich die gleiche Aufwärtsspirale generell auf jede Form der Verhaltensänderung übertragen lässt.

Im Folgenden soll es nun um das konkrete Vorgehen in der Kennenlernphase gehen und die Möglichkeit, frühzeitig die emotionale Aufwärtsspirale in Gang zu setzen, die positive Entwicklung ermöglicht (Fredrickson und Joiner 2002).

Methodisches Vorgehen und Übung: Priming positive emotions

Sie können die Fähigkeit trainieren, positive Emotionen zu evozieren, während Sie sich im Begleitprozess befinden. Nehmen Sie hierzu beim nächsten Coachinggespräch positive Emotionen aktiv in die Prozessgestaltung mit auf. Nutzen Sie die konkreten Situationen und Themen, die Ihnen geschildert werden, um durch gezieltes Nachfragen und Paraphrasieren des Gehörten, positive Emotionen zu unterstützen. Möglichkeiten, dies zu tun, sind:

Humor	Wenn es passt, nutzen Sie eine humorvolle Äußerung oder paradoxe Intervention, um Spannungen zu lösen.
Werteorientierung	Benennen Sie persönliche Werte, die Sie herausgehört haben.
	• Beispiel: „Mir scheint, dass Ihnen ein wertschätzender Umgang in Ihrem Unternehmen wirklich wichtig ist und Sie viel dafür tun, dass sich Ihre Kolleginnen gesehen fühlen."
Strengths spotting	Sprechen Sie Stärken an, die Sie beobachtet haben.
	• Beispiel: „Ich sehe, dass Sie sehr kreativ darin sind, immer neue Lösungen für die Wünsche Ihrer MitarbeiterInnen zu finden."

---

[1] Upward spiral theory of lifestyle change.

Stärkennutzung	Lassen Sie identifizierte Stärken eine aktive Rolle im Prozess spielen.
	• Beispiel: „Wenn mir Ihre Kreativität erzählen würde, was da gerade in Ihrer Firma passiert, was würde sie dazu sagen?"
Ressourcenfokus	Sprechen Sie benannte Ressourcen aktiv an und verstärken Sie sie.
	• Beispiel: „Es scheint so, dass, bei allem, was gerade in Ihrem Job passiert, Ihr Partner wirklich eine große Unterstützung für Sie ist. Wie ist es, wenn Sie nach so einem herausfordernden Tag bei ihm ankommen können?"
Lachen	Positive Emotionen sind ansteckend. Wenn es zur Situation und den KlientInnen passt und Sie selbst fröhlich sind, dann zeigen Sie es nach außen.
Lösungsorientierung	Bestärken Sie geäußerte Lösungsansätze, statt tiefer ins Problem zu tauchen.
Sinn	Fragen, die den Lebens- oder Kohärenzsinn stärken, erzeugen positive Emotionen. Beispielsweise:
	• Aus heutiger Sicht, wofür war es gut?
	• Was an Gutem haben Sie durch diese Erfahrung mitgenommen?
	• Wie können Sie die Erfahrung, die Sie gesammelt haben, für sich (oder für andere) nutzen?

Anschließend können Sie dieses Gespräch mit anderen Begleitsituationen, in denen positive Emotionen keine explizite Rolle gespielt haben, vergleichen:

• Was war für Sie als Coach anders?
• Was denken Sie, war für Ihr Gegenüber anders?
• Wie hat es aus Ihrer Sicht den Prozess und die Beziehung beeinflusst?

Häufig zeigt sich hier, dass mehr Freude und Leichtigkeit im Raum ist. Der Prozess wird nicht selten von beiden Seiten auch bei schweren Themen als weniger belastend erlebt und mündet früher in eine Lösung.

Die Herausforderung an dieser Übung ist, dass positive Emotionen zwar ein Wegbereiter für den Prozess sind, diesen aber nicht ersetzen dürfen. Es gilt also gleichzeitig zielorientiert zu arbeiten und dabei positive Emotionen zu ermöglichen. Beides parallel zu realisieren erfordert Übung. Während positive Emotionen in allen Phasen des Coachingprozesses wichtig sind, sollten Sie vor allem in der ersten Phase hier Ihren Fokus haben. Denn dieser Ansatz erleichtert nicht nur den Beziehungsaufbau, sondern ebnet Ihren KlientInnen auch den Weg in die Lösungsorientierung und einen konstruktiven Gesamtprozess.

3.2   Sinnorientierte Zielsetzung – die Arbeit mit Everestzielen

„Always shoot for the moon. Even if you miss, you'll land among the stars."[2]

Ein Kernstück jedes Coachingprozesses ist die Zielformulierung. Hier geht es nach der Besprechung des Anliegens darum, ein positiv formuliertes Ziel zu finden, an dessen Erreichung gearbeitet wird. Die KlientInnen werden dabei begleitet, aus den oft problemorientierten Anfangszielstellungen eine lösungsorientierte Zielbeschreibung zu entwickeln.

Beispiel
Eine Klientin kommt mit dem Anliegen: „Ich möchte mich von meinem Chef nicht mehr ständig einschüchtern lassen." Der Coach unterstützt durch lösungsfokussierte Fragen, wie: „Was wünschen Sie sich stattdessen im Umgang?". Nun kann die Klientin nach einer Antwort suchen, die die Lösung beschreibt: „Ich möchte im Umgang mit meinem Vorgesetzten meinen Standpunkt klar vertreten können."

Wenn die Klientin eine attraktive, konkordante und positiv formulierte Zielbeschreibung gefunden hat (siehe Hope theory, Snyder 2002), wird in klassischen Begleitprozessen dieses Ziel Grundlage der weiteren Arbeit. Mehr zur grundsätzlichen Erarbeitung von Coachingzielen finden Sie im Handbuch von Sonja Radatz (2018).
    Im Positive Coaching wird das Anliegen mit der dazugehörigen Zielbeschreibung hingegen als ein wichtiger zu erreichender Meilenstein verstanden, der gleichzeitig Teil eines deutlich längeren Lebensweges in Richtung des eigenen

---

[2]Ziele immer auf den Mond. Selbst wenn Du ihn verfehlst, landest Du zwischen den Sternen.

Lebenssinns ist. Ziele markieren in unserem Denken meist Endpunkte. Im Zentrum steht die Frage, wie wir dieses Ziel erreichen und welche Schritte dazu notwendig sind. Wenn wir ein Ziel erreicht haben, müssen wir uns neu orientieren. Erweitern man hingegen die Perspektive, in dem wir das Ziel als einen Meilenstein auf einem langen Weg in Richtung von etwas Größerem verstehen, entsteht ein neuer Raum, der Inspiration schafft, die Zielerreichung wahrscheinlicher macht und gleichzeitig Wachstum und Resilienz ermöglicht. Abb. 3.2 zeigt, wie diese Perspektiverweiterung auf das große Ganze den Blick auf das aktuelle Ziel verändern kann.

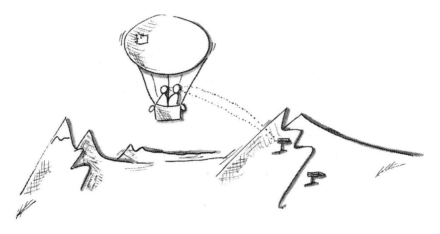

Abb. 3.2 Perspektivveränderung in der Arbeit mit Everestzielen[3]

Victor Frankl schrieb dazu sehr passend: „Those who have a why to live can bare almost any how"[4] (1992). Er brachte damit auf den Punkt, dass die Einbeziehung des Lebenssinns eine wichtige Quelle von Resilienz, aber auch Wachstum ist. Sie zu kennen kann KlientInnen weit über das derzeitige Anliegen hinaustragen und begleiten. Aber wie kann persönlicher Lebenssinn, der häufig auch in selbstgesteckten Zielen seinen Ausdruck findet, fassbar gemacht werden?

---

[3]Design: Annika Breuer [www.breuer-impulse.de]. Diese Abbildung wurde inspiriert durch die bikablo Publikationen, www.bikablo.com.
[4]Die, die ein Warum in ihrem Leben haben [Ihren Sinn kennen], können fast jedes Wie ertragen.

Nach Tatjana Schnell (2016, S. 27) ist Sinnkonstruktion etwas, dass ständig stattfindet und auch auf sehr konkreten Ebenen, wie der von selbstbestimmten Zielen erfahrbar ist. Schnell (2016) hat in ihrer Forschung zum Thema Lebenssinn ein für die Praxis sehr hilfreiches Pyramidenmodell entwickelt und wissenschaftlich evaluiert: das hierarchische Sinnmodel (Abb. 3.3). Grundidee hinter dem hierarchischen Sinnmodell ist, dass der Schwerpunkt unserer Wahrnehmungen, zielorientierten Handlungen, intrinsischen Ziele und Lebensbedeutungen (gelebten Werten) in einem engen Zusammenhang zu unserem Lebenssinn steht und auch Ausdruck eben dieses Sinns ist. So können die gelebten Werte, die im Coachingprozess zum Ausdruck kommen, die Ziele, die KlientInnen für sich auswählen, die Handlungen, die sie selbstbestimmt und häufig ausüben und der Fokus dessen, worauf KlientInnen besonders achten und was ihre Aufmerksamkeit erregt, Hinweise geben auf den übergeordneten Lebenssinn. Ein im Coaching erarbeitetes, intrinsisches und relevantes Ziel gibt damit immer auch einen Hinweis darauf, worin der persönliche Lebenssinn einer Person bestehen könnte. Jede Form der Zielearbeit bietet daher auch die Chance, dem eigenen Lebenssinn näher zu kommen. Eine Möglichkeit dies im Coaching mit KlientInnen zu nutzen und konkret umzusetzen ist die Everest-Zielearbeit.

Die Arbeit mit Everest-Zielen – nicht SMART, aber hochwirksam
Viele Jahrzehnte wurde Coaches und Führungskräften vermittelt, dass gute Ziele SMART sein sollten: spezifisch, messbar, attraktiv, realistisch und terminiert (Doran 1981). Tatsächlich haben smarte Ziele eine hohe Wahrscheinlichkeit erreicht zu werden. In dem oben genannten Beispiel der Mitarbeiterin, die

Abb. 3.3 Hierarchisches Sinnmodell nach Schnell (2016)

sich stärker behaupten möchte, hieße dies, dass die Angestellte sich vornehmen würde, am kommenden Montag im Mitarbeitergespräch klar zu sagen, was sie sich für das folgende Jahr wünscht und ihre drei wichtigsten Anliegen für das neue Jahr deutlich formuliert. Während dieses Ziel klar umrissen und realistisch ist, ist es weder zwingend nachhaltig (über den kommenden Montag hinaus) noch im positiven Sinne langfristig motivierend oder inspirierend.

Cameron und Plews (2012) haben in ihrer Forschung ein alternatives Zielkonzept für Unternehmen entwickelt, das im Besonderen für die Grundidee des Positive Coachings hohe Relevanz hat: die Everest-Ziele. Zielsetzung wird hier nicht als Lösung von Problemzuständen verstanden, sondern als Inspirations- und Motivationsquelle (Cameron 2013). Wie die Besteigung des Mount-Everest, die lange Zeit als unmöglich galt und bis heute Bergsteiger in aller Welt inspiriert, das Unmögliche zu wagen, geht es bei Everestzielen weniger darum, sie im Ganzen tatsächlich zu erreichen. Stattdessen geht es darum, eine Vision zu haben, die über das bisher Gedachte hinausführt und die aktuelle Zielerreichung trägt.

Beispiel
In unserem konkreten Beispiel verlief das Everestziel-Gespräch, das methodisch weiter unten noch detailliert erläutert wird, verkürzt so:

Coach	„Sie haben für sich das Ziel entwickelt, dass Sie im Umgang mit Ihrem Vorgesetzten Ihren Standpunkt klarer vertreten können wollen. Damit können wir arbeiten. Jetzt würde ich Sie gerne zu einem Gedankenexperiment einladen. Stellen Sie sich vor, dass dieses Ziel nur der erste Schritt ist, auf einem Weg, der noch weit darüber hinausführt. Vielleicht viel weiter, als Sie bisher jemals gedacht haben. Wenn dieses Ziel zu erreichen der erste Schritt ist, was ist dann Schritt 10?"
Klientin	„Dann würde ich mich auch für andere Frauen stark machen, dass Ihnen Gehör verschafft wird, dass sie mutiger werden."
Coach	„Ja, ein großer Schritt… und was wäre, wenn auch das eine Zwischenstation hin zu der eigentlichen großen Vision wäre. Was käme dann danach?"
Klientin [denkt lange nach]	„Dann würde ich eine Organisation gründen, die weltweit Frauen vernetzt und darin unterstützt, für ihre Rechte einzustehen. Eine Welt-Frauen-Organisation." [Klientin strahlt]

Coach	Ja, ich sehe, wie viel Ihnen diese Vision bedeutet. Jetzt bitte ich Sie, sich einmal in diese Vision zu versetzen. Stellen Sie sich vor, Sie haben all das realisiert, wie schauen Sie dann, von dort aus, auf Ihr Anliegen, gegenüber Ihrem Vorgesetzten den eigenen Standpunkt zu vertreten?
Klientin	[lacht] „Das erscheint viel machbarer und ja, klar will ich das. Es ist wirklich der erste wichtige große Schritt. Und da will ich anfangen. Bei mir."

Everest-Ziele können starke Gefühle, wie Erstaunen oder Ehrfurcht in uns auslösen. Keltner und Haidt (2003) haben schon sehr früh gezeigt, dass solche Erfahrungen nicht einfach in unsere bestehenden mentalen Strukturen und Denkmuster eingepasst werden können. Stattdessen führen sie uns über das bisher Gedachte hinaus. Dies gilt im Besonderen für Everest-Ziele. Die Notwendigkeit, sie in unser Denken zu integrieren und über Wege nachzudenken ihnen näher zu kommen, ermöglicht persönliches Wachstum (Shiota et al. 2014). Damit kann das aktuelle Ziel ein wichtiger Hinweis darauf sein, worin der eigene Lebenssinn besteht. Everest-Ziele müssen nicht SMART sein, müssen aber die folgenden fünf Kriterien erfüllen:

Positive Abweichung	Das Ziel geht deutlich über die bisherigen Perspektiven und Überlegungen hinaus. Es ist inspirierend.
Eigenwert	Das Ziel muss in sich selbst wertvoll für die KlientInnen sein. Es wird nicht nur verfolgt, um etwas anderes zu erreichen.
Potenzialverwirklichung	Das Ziel zu verwirklichen bedeutet, die eigenen Potenziale und Stärken mehr zu realisieren.
Energetisierung	Das Ziel wirkt motivierend. Es vermittelt Spaß und Freude daran zu arbeiten.
Beitrag	Das Ziel stellt einen Beitrag zu etwas Größerem dar.

Übung: Everest-Ziele[5]
Die Idee der Everestziele wurde von Cameron und Plews (2012) ursprünglich für Unternehmen entwickelt und beforscht. Die hier vorgestellte Form für das Einzelcoaching ist eine Weiterentwicklung von mir, deren wissenschaftliche Evaluation noch ausstehend ist.

---

[5]Die Übung ist in der vorliegenden Form den Coachingausbildungsunterlagen der Deutschen Gesellschaft für Positive Psychologie entlehnt.

Die Erarbeitung eines Everest-Ziels aus einem aktuellen Ziel im Coaching ist ein dreischrittiger Prozess:

1. **Erarbeitung einer positiven Zielformulierung**
   Basierend auf dem aktuellen Anliegen wird, wie oben beschrieben, durch lösungsfokussierte Fragen ein attraktives, konkordantes und positiv formuliertes Ziel erarbeitet.

2. **Perspektiverweiterung**
   Im zweiten Schritt wird das aktuelle Ziel in den Kontext eines größeren Bildes gestellt. Durch gezielte Fragen, die das vorliegende Ziel nicht als Endpunkt, sondern Etappenziel beschreiben, wird den KlientInnen ein neuer Raum eröffnet. Für diesen Schritt können Sie beispielsweise eine der drei folgenden Fragen auswählen:
   - Was wäre, wenn das aktuelle Ziel nur der erste Schritt auf einem Weg ist, der deutlich weiterführt… und es liegen noch mindestens 10 weitere Schritte vor Ihnen. Wohin führt Sie, ganz am Ende, dieser Weg?
   - Stellen Sie sich vor, das aktuelle Anliegen ist nur die erste Stufe einer Treppe, die 100 Stufen hat. Was befindet sich dann auf Stufe 100?
   - Was wäre, wenn das aktuelle Ziel nur das erste Kapitel eines Buches über Sie wäre. Jedes Kapitel beschreibt, wie Sie für sich weitere große Schritte machen. Worüber wird dann im letzten Kapitel Ihres Buches berichtet?

   Hat der Klient oder die Klientin ein für sich stimmiges Everestziel gefunden, kann dies an den Everestkriterien überprüft werden. Wirkt das Ziel nicht wirklich groß und inspirierend, dann fragen Sie nach weiteren Schritten, bis die Perspektive groß genug ist.

3. **Überprüfung**
   Echte Everest-Ziele erfüllen die oben genannten Bedingungen. Wie die Besteigung des Mount-Everest, sind sie hoch inspirierend und jenseits alles bisher Gedachten. Nachdem ein Everest-Ziel benannt wurde, kann es entlang der Kriterien und der in Tab. 3.1 aufgeführten Fragen überprüft werden.

Die Arbeit mit Everest-Zielen kann in Phase 2 dem eigentlichen Zielfindungsprozess angeschlossen werden. Sie ist ein Möglichkeitsraum innerhalb des Coachings, um KlientInnen dem eigenen Lebenssinn näher zu bringen und gleichzeitig auch mühsame und anstrengende Ziele motivational und emotional attraktiver zu machen. Das Beispiel der Angestellten mit dem Wunsch, ein besseres Durchsetzungsvermögen zu erlangen, verdeutlicht den Unterschied zwischen SMARTen und Everest-Zielen:

1. Everest-Ziele müssen nicht detailliert sein, aber deutlich inspirierend und motivierend

Tab. 3.1 Hilfreiche Coachingfragen nach den Kriterien für Everestziele

Positive Abweichung	**Stellt das Everestziel eine positive Abweichung dar?** • Für welchen ganz persönlichen Traum steht Ihr Everestziel? • Best-possible self: „Wenn sich in 10 Jahren von jetzt an alles in der best-möglichen Art und Weise in Richtung Ihres Everestziels gefügt hat, was ist dann entstanden?" • Wenn Sie dieses Everestziel für sich realisieren, zu welcher positiven Abweichung führt es in Ihrem Leben und im Leben anderer?
Eigenwert	**Ist das Everestziel in sich wertvoll oder dient es nur einem anderen Zweck?** • „In welcher Art und Weise ist dieses Ziel für Sie wertvoll?" • „Für wen ist die Erreichung dieses Ziels wertvoll und wodurch?"
Potenzialverwirklichung	**Trägt das Everestziel zur Potenzialverwirklichung bei? Können ungelebte Stärken realisiert und neue Gelegenheiten genutzt werden?** • „Welche bisher ungenutzten Potenziale können durch die Verfolgung dieses Ziels gehoben werden?" • „Welche Stärken können wie zum Einsatz kommen?" • „Welche Gelegenheiten können genutzt werden?"
Beitrag	**Wird durch die Realisierung des Everestziels ein Beitrag geleistet?** • „Wie steht dieses Ziel im Zusammenhang zum großen Ganzen?" • „In welcher Weise profitieren andere von dieser Vision?" • „Wie wird durch die Realisierung dieses Ziels ein Beitrag geleistet?"
Energetisierung	**Wirkt das Everestziel motivierend und energetisierend?** • „Welches Gefühl macht dieses Ziel?" (Achtung, falls hier Gefühle der Überforderung oder Angst auftreten, handelt es sich nicht um ein Everest-Ziel.) • „Auf einer Skala von 1–10, wie groß ist Ihre Lust, nach der Realisierung dieses Ziels zu streben?"

2. Everest-Ziele müssen nicht zwangsläufig erreicht werden, aber Orientierung geben
3. Everest-Ziele müssen nicht terminiert sein, aber erlauben Schritte in Richtung ihrer Realisierung zu gehen

Everestziele schenken immer wieder Orientierung. Sowohl bei weiteren Zielen, als auch bei Lösungsansätzen kann die Frage, ob und wie diese das Everestziel unterstützen, ein wichtiger Wegweiser sein.

Kontraindikation
Wenn KlientInnen unter sehr hohem Leidensdruck oder unter hoher Belastung und Erschöpfung leidend in den Coachingprozess kommen und bereits das eigentliche Ziel als extrem herausfordernd und überfordernd erleben, sollten Sie von Everest-Zielen absehen. In diesen Fällen bietet sich gezielter Ressourcenaufbau durch die Förderung persönlicher Stärken und positive Emotionen an.

3.3   Positive Diagnostik – Potenzialentfaltung und positive Identität

> „Jeder ist ein Genie! Aber wenn Du einen Fisch danach beurteilst, ob er auf einen Baum klettern kann, wird er sein ganzes Leben glauben, dass er dumm ist." (Albert Einstein)

Ein Herzstück des Positive Coachings ist die positive Diagnostik (Biswas-Diener 2010, S. 76). Die Grundidee hinter der positiven Diagnostik ist denkbar einfach: Je besser eine Person ihr positives Potenzial kennt und dieses aktiv nutzen kann, desto passender kann sie im Coaching und darüber hinaus Lösungen für sich entwickeln und ihr berufliches und privates Leben danach gestalten.

3.3.1   Grundlagen der Potenzialentfaltung – Survival of the best fit

Viele Menschen leben an ihrem eigentlichen Potenzial vorbei. Der Grund hierfür liegt nicht selten darin, dass ihr Beruf oder ihre Lebensgestaltung nicht zu dem passt, wer sie eigentlich sind. Der Mediziner und Kabarettist Dr. Eckhart von Hirschhausen (2009) hat für dieses Grundproblem eine eindrückliche Metapher geprägt:

Das Leben der Pinguine
Stellen wir uns einen Pinguin an Land vor. Es ist ein Vogel der nicht fliegen und nur ungeschickt laufen kann. Er ist Raubtieren an Land geradezu hilflos ausgeliefert. Tollpatschig. Kein Erfolgsmodell. Was aber, wenn der Pinguin ins Wasser springt? Wer schon einmal Pinguine unter Wasser beobachten konnte, erlebt ein Tier, das sich als Vogel unter Wasser schneller bewegt als viele Fische schwimmen können, das selbst ein gefährlicher Räuber ist und mit geradezu atemberaubender Anmut durchs Wasser gleitet. Im Wasser ist der Pinguin in seinem Element.

Die Pinguinmetapher macht deutlich: es sind nicht die eigentlichen Charakteristika des Pinguins, sondern die Passung seiner Eigenschaften zur jeweiligen Umwelt, die entscheidend sind.

Die Stärkenforscher Claudia Harzer und Willibald Ruch (2013) untersuchten dieses Prinzip im Arbeitskontext. Sie befragten mehr als 1000 Personen dazu, wie zufrieden sie mit ihrer Arbeit sind, und wie viel Freude, Engagement und Sinn sie auf Arbeit erlebten. Gleichzeitig erfassten die Wissenschaftler, inwieweit die individuellen Umstände am Arbeitsplatz diesen Personen erlaubten, ihre wichtigsten Stärken einzusetzen. Das sehr klare Ergebnis hieß: Je besser der Arbeitsplatz den regelmäßigen Einsatz der bedeutsamsten Stärken unterstütze, desto glücklicher und engagierter waren die Befragten und desto eher erlebten sie ihre Arbeit nicht nur als Beruf, sondern als Berufung.

Der amerikanische Wissenschaftler Shawn Achor (2018) schreibt hierzu sehr passend, dass das wirkliche Potenzial eines Menschen nicht aus den besonderen Eigenschaften einer einzelnen Person im Vergleich zu anderen besteht – *survival of the fittest* –, sondern dass es darum geht, dass dieses Potenzial gemeinsam mit anderen passend genutzt und eingesetzt wird. Achor nennt dies: *survival of the best fit*. Aber wie kann es gelingen, im Coaching die positive Identität von KlientInnen zu erkunden und zu helfen, das (ungenutzte) Potenzial zu erschließen? Die Antworten finden Sie in der positiven Diagnostik.

Ziel der positiven Diagnostik ist herauszufinden, was die besonderen Charakteristika der KlientInnen sind und wann sie „ganz in ihrem Element sind", also diese Charakteristika wirklich realisieren und einsetzen können. Das Prinzip der Potenzialentfaltung besteht demnach aus zwei Kernelementen: dem Erkunden der positiven Identität und dem Herstellen einer Passung zwischen diesen persönlichen Charakteristika und dem eigenen Leben.

In der klinischen Psychologie nimmt das Thema Diagnostik – das Stellen einer spezifischen Diagnose – einen zentralen Raum ein. Ohne Diagnose keine Therapie. Dieser Grundsatz beruht auf der Überzeugung, dass eine genaue Diagnose Grundlage wirksamer, passender und zielgerichteter Behandlung ist. Bereits seit Jahrzehnten existieren daher in der Psychologie fortlaufende Klassifikationssysteme psychischer Krankheiten wie das ICD[6] oder das DSM[7]. In den frühen Jahren der Positiven Psychologie kreideten Forscher wie Christopher Peterson an, dass die Psychologie zwar viel dazu beigetragen hat, Menschen aufgrund

---

[6]ICD: International Classification of Mental and Behavioural Disorders.

[7]DSM: Diagnostic and Statistical Manual of Mental Disorders.

ihrer Symptome und Krankheitsbilder einzuschätzen, nicht aber auf Grundlage ihrer positiven Eigenschaften (Peterson und Seligman 2004). Dabei bergen das Erkennen und Benennen der positiven Charakteristika eines Menschen ein hohes Potenzial im Coaching und für die Gestaltung des Prozesses. Zum einen trägt es dazu bei, ein positives Selbstbild in Klienten und Klientinnen zu stärken, das unabhängig ist von aktuellen Rollen, Erfolgen oder Misserfolgen. So bin ich beispielsweise nicht Bänkerin mit einem aktuellen Millionendeal oder Handwerker mit hohen Verlusten. Stattdessen bin ich Mensch mit dem Lebensziel, Freiheit zu leben, der Stärke, kreativ zu denken und dem Wert, mir selbst immer treu zu bleiben. Neben dem wichtigen Beitrag zu einer positiven Identität birgt positive Diagnostik im Coaching auch die Möglichkeit, den Coachingprozess auf die Stärken der KlientInnen aufzubauen und dadurch diesen Prozess nicht nur freudvoller, sondern auch leichter und nachhaltiger zu gestalten.

3.3.2   Das Berliner Entwicklungsmodell – Die 3 Elemente positiver Identität

Als Grundlage für die Positive Diagnostik kann das Berliner Entwicklungsmodel (BEM) dienen. Dieses von der deutschen Wissenschaftlerin Christin Çelebi und mir entwickelte Modell positiver Identität führt die wichtigsten Identitätsaspekte der Positiven Psychologie zusammen und kann als Wegweiser in der Arbeit mit Klientinnen und Klienten fungieren. Der Ansatz des Positive Coachings geht davon aus, dass jeder Mensch positive Eigenschaften hat, die ausgebaut und genutzt werden können, um das eigene Potenzial zu verwirklichen und persönliche Ziele zu erreichen (McQuaid et al. 2018). Nach dem Berliner Entwicklungsmodell (BEM) sind die drei wichtigsten Charakteristika und die zugehörigen Leitfragen:

Stärken   Was sind die 5 zentralen Signaturstärken der KlientInnen?
Werte   Was sind für die KlientInnen die bedeutsamsten Werte?
Sinn   Was ist konkret das zentrale Lebensthema der KlientInnen?

Für die Arbeit im Coaching und Therapie hat sich bewährt, das Modell bildhaft in den Diagnostikprozess einzubeziehen. Dies kann beispielsweise in Form eines Baumes als Metapher für die eigene positive Identität geschehen, wie in Abb. 3.4 dargestellt:

Abb. 3.4 Grafische
Darstellung des Berliner
Entwicklungsmodells[8]

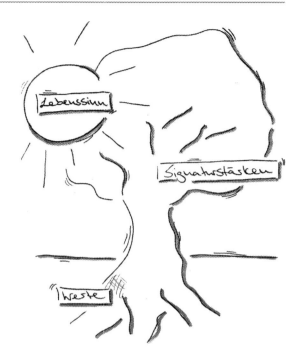

- Wurzeln – Die Wurzeln repräsentieren hier die Werte der KlientInnen. Sie stehen für das, was ihnen im Leben Halt gibt.
- Baumstamm und Äste – Der Baumstamm mit den verschiedenen Ästen steht für die Signaturstärken der KlientInnen. Sie zeigen, was sie als Mensch ausmacht.
- Die Sonne – Die Sonne repräsentiert den persönlichen Lebenssinn. Sie stellt damit auch das übergeordnete Lebensziel dar, das Orientierung schenkt und Wachstum ermöglicht.

Um im Coaching gemeinsam die verschiedenen Bereiche des Berliner Entwicklungsmodells zu erschließen, eigenen sich eine Vielzahl diagnostischer Verfahren. Eine der zeitsparendsten unter ihnen ist es, die Elemente positiver Identität und deren unterstützende Ressourcen zur Entfaltung der eigenen Identität anhand konkreter Fragen in der Anliegens- und Zielexploration zu erkunden.

---

[8]Design: Annika Breuer [www.breuer-impulse.de]. Diese Abbildung wurde inspiriert durch die bikablo Publikationen, www.bikablo.com.

Beispielfragen der Wachstumsorientierung nach dem Berliner Entwicklungsmodell

Stärken	Was haben Sie durch die Auseinandersetzung mit dem Problem über sich und Ihre Stärken gelernt?
	Welche Ihrer Stärken nutzen Sie bei diesem Lösungsansatz?
	Wenn Sie eine Ihrer größten Stärken nutzen würden, um das Problem zu lösen, was würden Sie dann tun?
Werte	Welche Ihrer Werte kommen bei dem, was Sie getan haben, zum Ausdruck?
	Welcher Ihrer Werte wurde verletzt, dass es zu diesem Konflikt kommen konnte?
	Wie können Sie in Zukunft dafür sorgen, dass Sie diesen Wert anders leben können?
Sinn	Wie fügt sich das Ziel in Ihren größeren Lebensplan ein?
	Wie möchten Sie später einmal in Bezug auf die Lösung, die Sie gefunden haben, erinnert werden?
	Wenn das aktuelle Anliegen Ausdruck ist für ein größeres Lebensthema, dass Sie für sich noch realisieren wollen, was wäre das dann?

Die hier ausgewählten Fragen verdeutlichen, dass die Wachstumsorientierung sowohl in der Erkundung des Problems als auch der Lösungsfindung realisiert werden kann. In beiden Fällen wird das aktuelle Anliegen genutzt, um den KlientInnen ihre Stärken, Werte und ihren Lebenssinn deutlich zu machen.

Alle drei Komponenten des Modells sind von zentraler Bedeutung für die positive Identitätsbeschreibung. Eine der wichtigsten Rollen für das positive Coaching spielt allerdings der Bereich der Charakterstärken. Gemeinsam mit Christopher Peterson entwickelte Seligman schon früh ein Klassifikationssystem menschlicher Stärken (VIA, Values in Action, Peterson und Seligman 2004). Menschen, die ihre eigenen Stärken kennen und nutzen, erreichen nicht nur ihre aktuellen Ziele leichter (Linley et al. 2010), sondern sind auch resilienter, wenn sie zukünftigen Herausforderungen begegnen (Niemiec 2018). Wir gehen heute davon aus, dass eine gute Diagnostik von Stärken eine bessere Begleitung ermöglicht. Kernstück der positiven Diagnostik ist daher der *Stärkenansatz.*

Definition

Der *Stärkenansatz* im Coaching ist ein Vorgehen, das auf den positiven Persönlichkeitseigenschaften der KlientInnen beruht. Dabei ist grundlegender Fokus, dass die Stärken der KlientInnen identifiziert, passend benannt und für den Coachingprozess nutzbar gemacht werden, um so die gesetzten Ziele besser zu erreichen und zeitgleich langfristige Ressourcen erschließen zu können.

Der Stärkenansatz geht unter anderem zurück auf frühe Forschungsarbeiten von Martin Seligman und Christopher Peterson (2004) und beinhaltet die Grundüberzeugung, dass jeder Mensch Stärken hat und:

- die Nutzung von Stärken zu Motivation, Wohlbefinden und Zufriedenheit beisteuert
- die Arbeit an Schwächen mühsam und nur begrenzt mit Erfolg verbunden ist
- die Arbeit an Stärken größeres menschliches Entwicklungspotenzial mit sich bringt, als die Arbeit an Schwächen

In der folgenden Übung können Sie einmal im Selbstversuch ganz ohne KlientInnen erproben, wie unterschiedlich das Arbeiten an Stärken und Schwächen auf Menschen wirkt:

Übung: Defizit- und Stärkenfokus (Driver 2011)
Defizitfokus
1. Wählen Sie einen Aspekt Ihrer Arbeit, den Sie als belastend und herausfordernd erleben, oder bei dem es Ihnen schwerfällt, wirklich gute Leistungen zu bringen.
2. Formulieren Sie schriftlich ein konstruktives 12-Monatsziel für sich, um Ihre Leistung in diesem Bereich auf ein besseres Niveau zu heben und drei konkrete Schritte, wie Sie dieses Ziel erreichen könnten.
3. Anschließend notieren Sie darunter, welche Gefühle und Gedanken dieses Ziel in Ihnen auslöst.

Stärkenfokus

1. Wählen Sie einen Aspekt Ihrer Arbeit, der Ihnen Freude macht und in dem es Ihnen leichtfällt, wirklich gute Leistungen zu erbringen.
2. Formulieren Sie schriftlich ein 12-Monatsziel für sich, um Ihre Kompetenzen und Fähigkeiten in diesem Bereich noch mehr zu nutzen und weiter auszubauen sowie drei konkrete Schritte, wie Sie dieses Ziel erreichen könnten.
3. Anschließend, notieren Sie darunter, welche Gefühle und Gedanken dieses Ziel in ihnen auslöst.

Für die meisten Menschen fällt die Antwort auf die jeweils letzte Frage beider Ansätze sehr eindeutig aus: Die Arbeit an Zielen, die aus einer defizitfokussierten Problemstellung erwachsen, wird als anstrengend, belastend und wenig motivierend erlebt. Nicht selten lösen die zugehörigen Zielstellung selbstkritische und negative Gedanken aus. Im Gegensatz dazu löst die Aussicht auf die Arbeit an Zielen, die auf den Stärken einer Person begründet sind, Gefühle der Vorfreude, Lebendigkeit und Motivation aus. Die dazugehörigen Gedanken sind im Allgemeinen positiv und unterstützend.

Dieser Effekt wurde auch in den Forschungsarbeiten zum Stärkenansatz belegt. Werden die eigenen Stärken genutzt, stellt sich ein entspanntes und fokussiertes Grundgefühl ein, es werden bessere Leistungen erzielt, der Prozess bereitet mehr Freude und bringt mehr Energie (Govindji und Linley 2007). Beschäftigt man sich hingegen mit Schwächen, wird dies als mühsam, wenig motivierend und wenig erfolgsversprechend erlebt (Baylis 2004; Kauffman und Scoular 2004). Einfach gesagt, wenn wir an etwas arbeiten, das wir als „schlecht" erleben und uns darauf fokussieren das „Schlechte" los zu werden, ist das, was wir am Ende erhalten, „nicht schlecht", aber gut ist es auch nicht (Linley und Carter 2007, S. 31).

Warum ist der Stärkenansatz so entscheidend im Coaching? Die Mehrzahl der Coachinganliegen entstehen aus dem Erleben eines Problems oder Defizits und dem Wunsch, dieses zu überwinden. Die drei häufigsten Coachinganlässe nach Fischer-Epe (2013) sind:

- Veränderung der Rahmenbedingungen und neue herausfordernde Rollenanforderungen
- Kritische Situationen und Konflikte
- Persönliche Entwicklung

Nur in seltenen Fällen kommen KlientInnen mit dem Wunsch, ihre vorhandenen Potenziale weiter auszubauen. Bei den meisten der oben genannten Anliegen handelt es sich um das Erleben eines Defizits oder einer zu überwindenden Herausforderung. Auch wenn diese mithilfe lösungsorientierter Ansätze in positive Ziele übersetzt werden, bleibt das eigentliche Thema im Defizitfeld und wird damit häufig wenig motivierend und erfolgsversprechend erlebt (Hodges und Clifton 2004). Aus diesem Grund wird in der Phase der positiven Diagnostik Hauptaugenmerk auf das Erkennen von Charakterstärken gelegt.

Strength Spotting

Den eigenen Stärken gegenüber sind wir im Allgemeinen blind (Biswas-Diener et al. 2011). Für die meisten Leute ist die so gern in Vorstellungsgesprächen verwendete Frage: „Was sind Ihre Stärken?" kaum präzise zu beantworten, weil uns die eigenen Stärken als so selbstverständlich erscheinen. Deswegen braucht es andere Wege, um die Stärken von KlientInnen herauszufinden. Die häufigsten Methoden hierfür sind Fragebögen und Fragetechniken.

Stärkenfragebögen: Es gibt verschiedene empirisch validierte Fragebogenverfahren, die online verfügbar sind und bereits vor dem Coaching oder zwischen einzelnen Sessions von den KlientInnen vorbereitet werden können. Die in Tab. 3.2 dargestellte Übersicht fasst die wichtigsten in Kürze zusammen und bietet einen Überblick über die jeweiligen Vor- und Nachteile.

Der wissenschaftlich am besten untersuchte Fragebogen, ist der VIA-IS. Eine ausführliche Darstellung finden Sie im sehr übersichtlichen Essential von Teresa Keller (2016). Er schließt die in Tab. 3.3 aufgeführten Charakterstärken ein, die auf übergeordneten Tugendkategorien beruhen.

Tab. 3.2 Die wichtigsten Stärkenfragebögen im Überblick

	Vorteile	Nachteile
Values in Action Inventory of Strengths (VIA-IS)[a] www.glücksforscher.de www.charakterstaerken.org	• Kostenfrei • Am besten wissenschaftlich evaluiert • Unterscheidung von Charakterstärken- und Signaturstärkentests	• Sehr allgemeine Stärkenbegriffe (Beschränkung auf 24 Stärken)
Clifton Strengths assessment[b] www.gallupstrengthscenter.com	• Spezifisch für arbeitsplatzrelevante Stärken • Sehr ausführliche Rückmeldungen zu Stärken und deren Weiterentwicklung	• Kostenpflichtig • Keine Unterscheidung von Charakterstärken und Signaturstärken
Strengths Profile[c] www.strengthsprofile.com	• Rückmeldung zu realisierten Stärken, unrealisierten Stärken, erlerntem Verhalten und Schwächen	• Kostenpflichtig • Bislang nicht in deutscher Sprache verfügbar

[a]Vertiefende Literatur: Keller, T. (2016). *Persönliche Stärken entdecken und trainieren: Hinweise zur Anwendung und Interpretation des Charakterstärken-Tests.* Springer-Verlag
[b]Vertiefende Literatur: Buckingham, M., & Clifton, D. O. (2007). *Entdecken Sie Ihre Stärken jetzt!: Das Gallup-Prinzip für individuelle Entwicklung und erfolgreiche Führung.* Campus Verlag
[c]Vertiefende Literatur: Linley, A., & Bateman, T. (2018). The strengths profile book. Capp Press

Tab. 3.3   Charakterstärken des VIA-IS

Weisheit und Wissen	Mut	Menschlich-keit	Gerechtigkeit	Mäßigung	Transzen-denz
Kreativität	Authentizität	Freundlich-keit	Fairness	Vergebungs bereitschaft	Sinn für das Schöne
Neugier	Tapferkeit	Bindungs-fähigkeit	Führungsver-mögen	Bescheiden-heit	Dankbarkeit
Urteilsver-mögen	Ausdauer	Soziale Intelligenz	Teamwork	Vorsicht	Hoffnung
Liebe zum Lernen	Enthusiasmus			Selbst-regulation	Humor
Weisheit					Spiritualität

Der VIA-IS misst vor allem, wie häufig eine Stärke aktiv genutzt wird. Damit eine Stärke aber tatsächlich als *Signaturstärke* gilt, also ein zentraler Teil der positiven Identität ist, müssen noch weitere Bedingungen erfüllt sein.

Signaturstärken – der psychologische Fingerabdruck
Unser persönliches Stärkenprofil ist, wie unsere Unterschrift. Es ist Ausdruck unserer Individualität. Peterson und Seligman (2004) sind davon ausgegangen, dass die vier bis sieben am höchsten ausgeprägten Stärken des VIA-IS unsere *Signaturstärken* sind. Der Signaturstärkenbegriff schließt allerdings auch ein, dass wir:

- die jeweilige Stärke als authentisch und als Bestandteil des eigenen Selbstbildes erleben
- Spaß dabei haben, sie auszuleben
- erfolgreicher sind, wenn wir sie nutzen
- kreativer sind, wenn wir die Stärke einsetzen
- und dass wir leichter zu guten Ergebnissen und in Flow kommen.

Nutzt jemand eine Stärke häufig und erbringt dabei sehr gute Leistungen, erlebt dabei aber keine Freude, handelt es sich im Allgemeinen nicht um eine Signaturstärke, sondern um erlerntes Verhalten (Linley und Bateman 2018).

Jeder Mensch ist einzigartig in seinem Stärkenprofil. Wenn wir davon ausgehen, dass jede Person durchschnittlich 5 Signaturstärken hat und wir nur die 24 Charakterstärken des VIA-IS zulassen, ergeben sich daraus mehr als 40.000 verschiedene Stärkenkombinationen. Berücksichtigt man zusätzlich, dass diese fünf

Stärken unterschiedlich stark ausgeprägt sein können und einer gewissen Rangfolge unterliegen, ergeben sich mehr als 5 Millionen Stärkenmuster. Da Stärken aber nicht losgelöst voneinander sind, sondern situationsspezifisch kombiniert und hoch individuell verstanden und eingesetzt werden, gibt es geradezu unbegrenzt viel individuelle Stärkenprofile. Damit ist jedes Stärkenprofil, wie ein Fingerabdruck, einzigartig.

Fragetechniken zur Erschließung von Stärken
Für den Coachingprozess können Stärkefragebögen hilfreich sein, aber nicht immer ist es möglich oder sinnvoll, diese einzusetzen. Alternativ entwickelte Robert Biswas-Diener (2010) drei Schlüsselfragen zur Erschließung von Charakterstärken, die leicht in den laufenden Coachingprozess eingebunden werden können:

1. Worauf in Ihrer Vergangenheit sind Sie stolz?
2. Was in Ihrer Gegenwart gibt Ihnen am meisten Kraft und Energie?
3. Worauf in Ihrer nahen Zukunft freuen Sie sich?

Diese Fragen können auf das aktuelle Anliegen hin konkretisiert werden, zum Beispiel „Worauf in Ihrer Vergangenheit als Führungskraft sind Sie stolz?" Je nachdem, wie ergiebig die Antworten sind, können nur einzelne oder alle drei Fragen gestellt werden. Dabei geht es weniger um die konkret genannten inhaltlichen Aspekte, als darum herauszuhören, welche Charakterstärken in dem Erzählten zum Ausdruck kommen.

Insgesamt sollten Sie am Ende der Phase der positiven Diagnostik einen guten Überblick dazu bekommen haben, was Ihre Klientin bzw. Ihren Klienten im Wesentlichen auszeichnet. Sie sollten im Besonderen eine konkrete Idee davon haben, welche Stärken Ihr Gegenüber in den Coachingprozess einbringt. Die eigentliche Phase der Diagnostik kann je nach Auftrag, Anliegen und geplanten Anzahl der Coachingsessions unterschiedlich lang ausfallen. Mitunter reichen bei guter Vorbereitung kurze Einheiten des Coachings, um ein erstes Bild der positiven Identität des Gegenübers zu erhalten. Auch in den weiteren Schritten der Begleitung bleibt das Identifizieren, Benennen und Erschließen dieser besonderen Charakteristika wichtiger Teil des Coachingprozesses. Auf der Website der Deutschen Gesellschaft für Positive Psychologie (www.dgpp-online.de) finden Sie kostenfreie Arbeitsmaterialien, die Sie für die fortlaufende Diagnostik nutzen können.

3.4   Wachstumsorientierte Prozessgestaltung

In dieser Phase des Coachingprozesses sollte bekannt sein, was das konkrete Ziel ist, an dem gearbeitet werden soll, worin gegebenenfalls das Everestziel (auch als Hinweis für den Lebenssinn) dahinter besteht und mit welchen Stärken und Werten die KlientInnen sich auf den Weg machen. In der Prozessphase kann eine Vielzahl von bekannten Coachingmethoden, wie die Arbeit mit dem inneren Team, die Timeline oder andere lösungsorientierte Fragenformate eingesetzt werden. Unabhängig von der in dieser Phase realisierten Methode gelten in der wachstumsorientierten Prozessgestaltung drei wichtige Grundprinzipien für den Coach:

- nutzen des Stärkenfokus
- aufrechterhalten der Sinnorientierung
- begleiten der Emotionssteuerung

Stärkenfokus: Positive Coaching ist es stärkenfokussiertes Verfahren. Dies bezieht sich nicht nur auf die Phase der positiven Diagnostik und das Ergründen von Charakterstärken, sondern vor allem auch auf den aktiven neuen Einsatz von Signaturstärken, der bereits intensiv wissenschaftlich erforscht wurde (Seligman et al. 2005). Ziel ist es, Klientinnen dazu zu befähigen sich auch im beruflichen und privaten Alltag zu fragen, welche ihrer Stärken jetzt hilfreich wären und wie sie diese aktiv nutzen können. Deshalb sollten die in der Phase der Diagnostik erschlossenen Stärken konkret und aktiv in den Prozess eingeflochten werden.

Dies kann beispielsweise geschehen, in dem immer wieder Fragen in den Prozess eingebunden werden, die zur Stärkenaktivierung beitragen, wie:

- Wie würden Sie das Thema angehen, wenn Sie dafür Ihre [konkrete Stärke] nutzen würden?
- Wie können Sie bei dieser Lösung Ihre [konkrete Stärke] einsetzen?
- Was verändert sich für Sie dadurch, dass Sie Ihre [konkrete Stärke] nutzen?

Alternativ können stärkenbasierte Interventionsformate eingesetzt werden, wie das Stärkenatom.

Übung Stärkenatom (Tomasulo 2019)
Die Klientin bzw. der Klient wird gebeten, für die in der positiven Diagnostik erarbeiteten Signaturstärken jeweils einen Stuhl zu wählen und diese im passenden Abstand zu sich in Bezug auf das aktuelle Anliegen zu positionieren. Setzt

sich dann die Person auf einen dieser Stühle spricht er oder sie aus dieser Stärke heraus.

- Was würde Ihnen die Stärke raten?
- Was würde die konkrete Stärke jetzt tun?
- Wie sieht das Thema aus Sicht dieser Stärke aus?

Dieses Vorgehen ermöglicht es den KlientInnen, aus einer ressourcen- und stärkenorientierten Sicht neue Perspektiven auf das Thema einzunehmen. Gleichzeitig erlaubt es Lösungswege zu finden, die Ausdruck der eigenen positiven Identität sind und die die eigenen Stärken erlebbar machen.

Sinn- und Wachstumsorientierung
Eine echte Lösung ist mehr, als das Ausbleiben des Problems. Der Prozess vom Problem zur Lösung wird im wachstumsorientierten Coaching niemals isoliert verstanden, sondern immer als Episode innerhalb eines größeren Entwicklungsprozesses. Dieser sollte auch in der Prozessphase immer wieder aktiv in den Blick genommen werden. Wohin entwickelt sich der Klient grade jetzt und wie trägt dieser aktuelle Prozess dazu bei? Passt die erarbeitete Lösung zur positiven Identität und dem Potenzial der KlientInnen? Wenn nicht, wie müsste sie verändert werden? Verstehen wir das aktuelle Ziel nicht als Endpunkt, sondern als Meilenstein hin zur Realisierung des Lebenssinns, ergibt sich daraus, dass auch die Erarbeitung der Lösungsansätze immer im Einklang mit dem Lebenssinn der KlientInnen sein sollten. Sie können dabei die Prozessarbeit am hierarchischen Sinnmodell von Schnell (2016, siehe Kap. 3) ausrichten. Entscheidend ist dabei die Frage, ob die entwickelte Lösung, sowie die notwendigen Handlungsschritte, um diese umzusetzen, dabei helfen, den eigentlichen Sinn zu realisieren.

Emotionssteuerung
Auch in der Prozessphase behalten die oben beschriebenen Mechanismen der Broaden-and-Build-Theorie ihre Gültigkeit (Fredrickson 2004). KlientInnen, die immer wieder zumindest punktuell in einen Zustand positiver Emotionalität geführt werden, gelingt es eher, andersartige Perspektiven einzunehmen und neue Lösungswege zu entwickeln. Achten Sie deshalb darauf, dass KlientInnen im Zustand positiver Emotionalität bleiben oder immer wieder dorthin zurückfinden.

Die drei oben genannten Grundsätze gelten unabhängig von der gewählten Methode in der Prozessphase. Exemplarisch möchte ich Ihnen hier ein Verfahren vorstellen, dass im Rahmen der wachstumsorientierten Prozessarbeit besonders hilfreich ist.

Übung: Die sinnorientierte Skalenarbeit
Wenn Sie selbst Coach sind, kennen Sie vermutlich die klassische Skalenarbeit
(siehe auch Middendorf 2018, S. 31). Dabei werden die KlientInnen beispielsweise gebeten, sich eine Skala von 0 bis 10 vorzustellen. Der Zahlenwert 10 steht
dabei für das vollständig realisierte Ziel, während 0 für das nichtrealisierte Ziel
steht. Ich könnte Sie beispielsweise Fragen, wie viel Sie, auf einer Skala von 0
bis 10, über das Thema Positive Coaching bereits vor dem Lesen dieses Essentials wussten. Eine Anschlussfrage könnte sein, wie es im Unterschied dazu
bereits jetzt aussieht und welche Zahl Sie an dieser Stelle des Buches wählen
würden. Auf diese Weise können Fortschritte sichtbar gemacht und deren Ursa-
chen exploriert werden.

Dieses klassische Vorgehen wird im Positive Coaching weitergedacht. Da wo
Schatten ist, ist auch Licht. Dieser Grundsatz ist von zentraler Bedeutung in der
wachstumsorientierten Prozessgestaltung. Grade um „das Positive" herauszu-
arbeiten, kann es eine wichtige Erfahrung sein, auch „das Negative" zu sehen.
Seligman beschreibt das menschliche Erleben gerne entlang einer Skala von -10
bis $+10$ um zu verdeutlichen, dass die Abwesenheit von Leid, also neutral 0, nicht
das gleiche ist, wie eine $+10$ zu erreichen.

In der sinnorientierten Skalenarbeit wird dieses Vorgehen dadurch ergänzt,
gleichzeitig den übergeordneten Sinn als Perspektiverweiterung mitzudenken.
Für das oben angeführte Beispiel könnte dies heißen, die Fragen zu beantworten:
Wozu beschäftigen Sie sich eigentlich mit dem Thema Positive Coaching? Wo
möchten Sie in 10 Jahren mit diesem Thema stehen und wie kann dieses Buch ein
erster Schritt in diese Richtung sein?

Im konkreten Coachingprozess wird hierzu die Methode der Skalenarbeit
mit den Everest-Zielen zusammengebracht. Abb. 3.5 zeigt die Perspektive, die
hier eingenommen wird. Während mit den Klientinnen Schritte in Richtung des
angestrebten Zielzustandes erschlossen werden, wir gleichzeitig das große Ganze
in den Blick genommen.

Arbeitsschritte der Sinnorientierten Skalenarbeit
Nachdem die Zielstellung inklusive Everest-Ziel erarbeitet wurde, werden der
Klientin 4 Moderationskarten in die Hand gegeben mit den Aufschriften -10, 0,
$+10$ und dem Everestziel. Dabei entspricht die $+10$ der vollständigen Realisierung
des aktuellen Zielzustandes, welches die Klientin definiert. Dies könnte zum Beispiel die absolute Gelassenheit im Gespräch mit dem Vorgesetzten sein. Die -10
wäre dementsprechend der schlimmste Zustand im Gespräch und die 0 der neut-
rale Punkt dazwischen. Auf der Everestkarte wird das erarbeitete Everestziel fest-
gehalten.

Abb. 3.5 Sinnorientierte Skalenarbeit (Design: Annika Breuer [www.breuer-impulse.de].
Diese Abbildung wurde inspiriert durch die bikablo Publikationen, www.bikablo.com)

Die Klientin wird nun gebeten, die vier Karten im Raum auszulegen. Dabei
können sich die Karten −10, 0 und +10 auf einer Achse befinden, müssen es
aber nicht. Auch die Wege bis und vom Nullpunkt aus müssen nicht gleich lang
sein, sondern können intuitiv gewählt werden. Die Klientin legt anschließend, mit
Blick auf die Skala die Everest-Karte an einen Ort, der für sie stimmt.

Im nächsten Schritt wird die Klientin beginnend mit der Karte der −10
gebeten, sich kurz auf jede Karte zu stellen und zu beschreiben, was ihre Vor-
stellung vom entsprechenden Punkt ist. Bei hochbelasteten Klienten oder
Klientinnen, sollte die Karte der −10 nur von weitem angeschaut werden. Die
Beschreibung könnte beispielsweise sein:

−10   „Hier fühle ich mich von allen verlassen. Ich bin aufgeregt und
             hätte das Gefühl, meinem Vorgesetzten nicht vermitteln zu kön-
             nen, worum es gerade geht und was ich möchte. Im Gegenteil,
             würde ich mir hier noch zusätzliche Probleme einhandeln."

0   „Hier ist es besser. Ich kann in das Gespräch gehen ohne vorher
             nächtelang nicht zu schlafen und bin ok, aber auch nicht mehr als
             das. Das Gefühl wäre, dass ich hier zwar keinen Schaden nehme,
             aber auch nicht wirklich erreiche, worauf es mir ankommt."

+10   [Klientin lacht] „Hier hätte ich das Gefühl, wie eine Rakete durch die Decke zu gehen. Ich bin gelassen, aber auch voller Energie und zielgerichtet. Ich kann mit klaren Argumenten sagen worum es mir geht, finde genau die richtigen Worte und kann auch noch ansprechen, wohin ich mich weiterentwickeln möchte."

Everestkarte   „Hier habe ich am meisten Kraft. Wenn ich auf die anderen Karten schaue, scheinen die notwendigen Schritte gar nicht so groß zu sein."

Nachdem die Klientin alle Karten kurz beschrieben hat, wird sie nun gebeten, den Punkt zwischen −10 und +10 auf der Skala zu wählen, an dem sie sich jetzt gerade befindet und diesen zu beschreiben. Nun wird von dem Punkt, an dem sich die Klientin zum jetzigen Zeitpunkt befindet, schrittweise nach oben gearbeitet:

- Was könnten Sie konkret tun, um auf der Skala einen Schritt weiter in Richtung der +10 zu kommen? [Antwort der Klientin]
- Wenn Sie das getan haben, wo auf der Skala sind Sie dann? Bitte gehen Sie auf diesen neuen Punkt. [Klientin macht den zugehörigen Schritt]
- Wie ist es dort, wo Sie jetzt stehen?

Die von der Klientin erarbeiteten Schritte können vom Coach auf Moderationskarten niedergeschrieben und als Bodenanker dazugelegt werden. Die obigen drei Fragen werden wiederholt, bis die Klientin oder der Klient an einem stimmigen Punkt angelangt ist. Dies kann – muss aber nicht – die +10 sein. Für viele KlientInnen sind auch kleinere Schritte bereits sehr hilfreich und zielführend. Die Everest-Karte dient im Prozess sowohl dazu, zu motivieren, die Perspektive zu erweitern und als Ratgeberposition, wenn die Klientin einmal nicht weiterwissen sollte.

Im Anschluss können die konkreten, durch die Klientin erarbeiteten Schritte nochmals durchgesprochen und in einen Maßnahmenplan eingebettet werden. Außerdem sollte die Frage gestellt werden, wie die Klientin ihre Stärken einsetzen kann, um die notwendigen Schritte auch wirklich zu gehen und ob die erarbeiteten Schritte für das aktuelle Anliegen die Klientin auch näher an das Everest-Ziel geführt haben.

Die Prozessphase des Coachings findet ihren Abschluss, wenn unter der wachstumsorientierten Perspektive eine stimmige Lösung für die aktuelle Zielstellung erarbeitet wurde. Auch während dieser Phase sollte aktiv gesammelt werden, welche positiven Charakteristika der KlientInnen zum Ausdruck und zum Einsatz gekommen sind.

3.5   Abschluss des Coachingprozesses

Jeder Coachingprozess findet im „Beratersystem", also zwischen Coach und KlientInnen statt, während die gewonnenen Erkenntnisse im „Heimatsystem" der KlientInnen zum Tragen kommen sollen (Radatz 2018). Da es sich um zwei verschiedene Systeme handelt, können wir nicht davon ausgehen, dass die im Coaching, also im Beratersystem, gesammelten Erkenntnisse automatisch im Alltag der KlientInnen Umsetzung finden. Es gilt daher am Ende des Coachings, sowohl den Transfer der erarbeiteten Lösungsschritte als auch die zentralen Erkenntnisse über die Stärken, Werte und Sinnthemen der KlientInnen zu sichern.

Wie geht es nach dem Coaching weiter? Transferwirksamkeit im Positive Coaching
Eine der großen Herausforderungen im Coachingprozess ist es sicherzustellen, dass das Erarbeitete tatsächlich in den Alltag Einzug findet. Dies gilt insbesondere dann, wenn es thematisch um langfristige Veränderungen von Verhalten oder Denken geht. Die österreichische Wissenschaftlerin Ina Weinbauer-Heidel (2016) hat in Ihrer Forschung zur Transferwirksamkeit nach Trainings erschreckende Zahlen vorgelegt. Nur etwa 15 % der Teilnehmenden an Trainings, die explizit das Ziel haben Verhaltensveränderung zu bewirken, wenden das Gelernte erfolgreich im eigenen Leben an. Etwa 70 % probieren die neue Erfahrung und das Wissen in den Alltag zu integrieren, scheitern aber daran und 15 % unternehmen erst gar nicht den Versuch dies zu tun. Auch wenn sich diese Zahlen auf Trainings mit mehreren Personen und nicht auf das Einzelsetting von Coachings beziehen, verdeutlichen sie, dass Transfer aktiv bei der Prozessgestaltung mitgedacht werden muss. Es gibt eine Vielzahl von Ansatzpunkten, um die Wahrscheinlichkeit zu erhöhen, dass der Transfer in den Alltag gelingt (siehe Weinbauer-Heidel 2016). Die Hebel mit der größten Relevanz im Coachingkontext sind Transferplanung und Aktives Üben.

Transferplanung
Wie kann sichergestellt werden, dass die in der Prozessphase erarbeiteten Schritte tatsächlich im Alltag realisiert werden? Nach Weinbauer-Heidel (2016, S. 164) ist entscheidend, die Umsetzung des Erarbeiteten und Gelernten aktiv geplant wird. Die Frage wann und in welcher Form die KlientInnen ins konkrete Handeln kommen, sollte daher integraler Bestandteil eines Coachingprozesses sein. Im Positive Coaching werden diese Fragen der Transferplanung ergänzt durch die

Absicherung des Transfers der erarbeiteten Erkenntnisse über die positive Identität. Hilfreiche Leitfragen für die KlientInnen im Coaching sind hierfür:

- Was war für Sie die entscheidendste Erkenntnis über Ihr positives Potenzial?
- Wie möchten Sie diese Erkenntnis auch über das aktuelle Coachinganliegen hinaus in Ihrem Alltag nutzen? Wobei soll Sie Ihnen (noch) helfen? Wobei noch?
- Wie können Sie dafür sorgen, dass Sie sich im Alltag regelmäßig an Ihr positives Potenzial erinnern und dieses aktiv zum Einsatz bringen?

Hier kann es hilfreich sein, Anker für die erarbeiteten Stärken zu schaffen oder im Coaching Visualisierungen der Komponenten des Berliner Entwicklungsmodells zu gestalten.

Aktives Üben
Viele Denk- und Handlungsmuster sind sinnbildlich wie Autobahnen im Kopf. Wir nehmen sie häufig, sie sind nicht selten die schnellsten Verbindungen und wir verlassen sie ungern. Dies gilt insbesondere für unsere Gewohnheit. Wer gewohnt ist, dem Negativen deutlich mehr Aufmerksamkeit zu schenken, als dem Guten im Leben und sich dadurch immer wieder selbst unglücklich macht, wird diesen Mechanismus nicht durch Coaching allein umlernen können, sondern nur durch Übung. Forschung hat gezeigt, dass der Aufbau neuer Gewohnheiten im Schnitt 66 Tage braucht, also mehr als zwei Monate (Lally et al. 2010). Wer früher aufhört, die neue Gewohnheit aktiv umzusetzen, verliert sie im Allgemeinen wieder. Deshalb gilt für den Coachingkontext, dass zum Alltag passende Übungsmöglichkeiten gefunden werden müssen, die es den KlientInnen erlauben, lange genug am Ball zu bleiben. Die weiter oben beschriebene Forschung von Fredrickson und Joiner (2018) hat gezeigt, dass solche Lebensstilveränderungen die beste Chance haben, wenn sie an das Erleben positiver Emotionen geknüpft sind, also nicht nur effektiv sind, sondern auch Freude bereiten. Häufig müssen solche passenden Übungsmöglichkeiten speziell gemeinsam entwickelt werden. Es gibt aber auch empirisch untersuchte Übungen, die eingesetzt werden können, um KlientenInn den Weg zu mehr Glück zu ebnen. Drei von ihnen sollen hier kurz vorgestellt werden.

Drei gute Dinge
Übung: Nehmen Sie sich am Ende jeden Tages 5 min bewusst Zeit, um drei Dinge niederzuschreiben, für die Sie heute dankbar sind. Das können kleine Momentaufnahmen sein, wie die Sonne, die geschienen hat, der Latte macchiato

in der Pause oder der Kollege, der Ihnen in der schwierigen Besprechung den Rücken gestärkt hat. Schreiben Sie diese Dinge in der für sich passenden Form auf, sodass Sie auch die vergangenen Tage rekapitulieren können[9].

Diese Übung, die in der Positiven Psychologie sehr bekannt ist, stammt von den amerikanischen Wissenschaftler Emmons und McCullough (2003). Sie verändert den Wahrnehmungsfokus einer Person hin zu den positiven Aspekten des eigenen Lebens und wirkt antidepressiv.

4-Evening-Questions
Was sind die effektivsten Fragen, die wir uns am Ende eines Tages stellen können, um glücklicher zu werden und uns selbst näher zu kommen? Die Antwort fand der österreichische Wissenschaftler Markus Ebner (2017) und stellte vier Fragen zusammen, deren tägliche Beantwortung sowohl für das Erleben von Glück als auch für die langfristige Auseinandersetzung mit den eigenen Stärken hilfreich ist.

Übung: Beantworten Sie am Ende jeden Tages die folgenden Fragen:

1. Was hat mir heute Freude bereitet?
2. Wofür und wem kann ich heute dankbar sein?
3. Wo habe ich mich heute lebendig gefühlt?
4. Welche Stärken konnte ich heute ausleben?

Miniurlaub
Die dritte Übung, die helfen kann, neue Gewohnheiten aufzubauen in Richtung eines glücklicheren Lebens, ist der Miniurlaub. Wir leben in einer Zeit der Beschleunigung, in der wir immer mehr in immer kürzerer Zeit realisieren können und vermeintlich müssen. Was dabei oft auf der Strecke bleibt, ist die Zeit für sich selbst und für aktive Regeneration. In diese Übung werden KlientInnen gebeten, 30 verschiedene Miniurlaube zu planen. Also Tätigkeiten, die sie als erholsam erleben und die nicht mehr als 20 min Zeit beanspruchen. Zusätzlich werden die KlientInnen darum gebeten, jeden Tag für einen bestimmten Zeitraum ein konkretes Zeitfenster für diesen Miniurlaub einzuplanen und dann jeweils auszuwählen, welche Tätigkeit am heutigen Tag den größten Erholungseffekt hätte.

---

[9]Zu dieser Übung gibt es bereits unterstützende und für viele KlientInnen sehr hilfreiche Buchformate, wie das 6 Minuten Tagebuch (Spenst 2018).

3.6   Wachstumsorientiertes Feedback

„Am Ende wird alles gut und wenn es noch nicht gut ist, dann ist es noch nicht das Ende."

Das Ende entscheidet über (fast) alles. Oder, jedem Ende wohnt ein Zauber inne. Die amerikanischen Forscher Barbara Fredrickson und Daniel Kahnemann (1993) fanden heraus, dass wir bei länger andauernden Erfahrungen, wie es auch im Coaching der Fall ist, den Prozess nicht als Episode im Gedächtnis behalten. Stattdessen machen wir von den entscheidenden Momenten „Schnappschüsse". Die interessante Frage ist also, welche Momente bleiben den KlientInnen im Gedächtnis und wirken nach? Fredrickson und Kahnemann stellten in ihrer Forschung fest, dass vor allem zwei Zeitpunkte nachhaltig wirken: der Moment mit der höchsten Emotionalität und das Ende. Sie nannten diesen Effekt die *peak and end rule*. Ihre Konsequenz für die Begleitung im Coaching ist, dass neben den tiefgehenden Prozessen, vor allem der Abschluss eines Prozesses nachhaltig im Gedächtnis bleibt. Dieser Effekt kann aktiv genutzt werden, um positive Entwicklung zu unterstützen.

In vielen klassischen Coachingansätzen wird nur sehr begrenzt Feedback gegeben oder gänzlich auf dieses verzichtet, um eine Einflussnahme des Coaches auf die KlientInnen vorzubeugen. Dies kann vor allem im Lichte der Forschung zur *peak and end rule* von Fredrickson und Kahnemann (1993) aber auch eine vergebene Chance sein. Im Positive Coaching wird daher davon ausgegangen, dass eine beobachtungsbasierte, strukturierte und wachstumsorientierte Rückmeldung am Ende des Prozesses über die Stärken, Werte und sinnstiftenden Momente, aber auch Rückmeldungen zu den Ressourcen und Entwicklungsthemen ein wertvoller Bestandteil des Prozesses ist (Biswas-Diener 2010). Das Ziel ist dabei, KlientInnen darin zu unterstützen, ihre eigenen Stärken und Potenziale wahrzunehmen und den Prozess nicht nur inhaltlich zu rekapitulieren, sondern auch menschlich. Das Feedback zielt darauf, die KlientInnen in ihrem Wachstumsprozess zu unterstützen und sie im Bild ihrer positiven Identität zu bestärken.

Die drei Grundsätze des wachstumsorientierten Feedbacks lauten:

- Wertungsfreiheit und Würdigung
- Prozess- und Zukunftsorientierung
- Spezifität

Wertungsfreiheit und Würdigung Feedback im Positive Coaching ist bewertungsfrei, aber wertschätzend. Feedback wird im Allgemeinen gerne damit gleichgesetzt zu bewerten, was als positiv oder negativ erlebt wurde. Wachstumsorientiertes Feedback ist bewertungsfrei im Sinne dessen, dass es auf Werturteile verzichtet. Es ist wertschätzend, indem es darauf basiert, die beobachteten Aspekte positiver Identität zu spiegeln und die Fortschritte in der gemeinsamen Arbeit zu würdigen.

Prozess- und Zukunftsorientierung Feedback ist häufig am Istzustand orientiert. Gleichzeitig schenkt nicht die Würdigung des Ergebnisses, sondern die Würdigung des Prozesses die größte Kraft. Im wachstumsorientierten Coaching stehen die Entwicklungen innerhalb des Prozesses im Vordergrund. So ist es bedeutsamer für KlientInnen nicht nur zurückzumelden, welche Stärken, Werte und Sinnelemente Sie beobachtet haben, sondern wie sich der Umgang mit diesen im Laufe des Prozesses verändert und erweitert hat. Dieses Vorgehen gibt den Begleiteten das Gefühl, bereits auf dem Weg zu Veränderung und Entwicklung zu sein.

Spezifität Nutzen Sie klare eindeutige Beispiele, um Ihre Beobachtungen zu erläutern und die Erfahrung der Begleiteten zu verstärken. Im Besonderen, wenn Sie beobachtete Identitätsaspekte wie Stärken, Werte oder Sinn zurückmelden, sollte Sie diese immer an konkrete Beispiele knüpfen. Beispielsweise:

„Als Sie vorhin von Ihrer Familie erzählten und all dem, was Sie dort geleistet haben, war für mich sehr deutlich, mit wieviel Herzblut Sie Vater sind und wie wichtig Ihnen das Thema ist, wirklich für Ihre Kinder da zu sein."

Ist Ihre Beobachtung für den Klienten oder die Klientin stimmig, unterstützt die Konkretisierung das Erkennen des eigenen Selbst. Erlebt Ihr Gegenüber das Beobachtete nicht als zu sich gehörig, ermöglicht die Spezifizierung, ins erkundende Gespräch zu kommen.

Fünf Faktoren wachstumsorientierten Feedbacks

Das wachstumsorientierte Feedback basierend auf dem Berliner Entwicklungsmodel beinhaltet Rückmeldungen zu vier Elementen: den Stärken, Werten und dem Lebenssinn der KlientInnen, sowie den Ressourcen, die diese unterstützen (siehe Tab. 3.4). Generell sollte das Feedback mit einer Zusammenfassung des bis hierhin realisierten Prozesses und der Fortschritte begonnen werden. Anschließend können die drei Elemente des BEM und die zugehörigen Ressourcen als Grundlage für das Feedback genutzt werden. Das Feedback schließt mit einer Beziehungsbotschaft zum Prozess und eventuellen Vertiefungsschritten.

Tab. 3.4 Leitfragen für das wachstumsorientierte Feedback (Auf der Seite www.dgpp-online.de/ressourcen finden Sie eine Checkliste zur Arbeit mit wachstumsorientiertem Feedback)

Stärken	Welche Stärken haben Sie im Coaching entdeckt oder beobachtet?
Werte	Welche Werte sind im Coaching zum Ausdruck gekommen?
Sinn	Welche besonders sinngebenden Momente gab es im Prozess? Was wurde über den Lebenssinn herausgefunden?
Ressourcen	Welche Ressourcen sind im Prozess deutlich geworden, die das Ausleben der Stärken, Werte und Sinnthemen unterstützen?
Beziehung	Wo haben Sie sich besonders in Beziehung zu Ihrem Klienten/Ihrer Klientin erlebt? Gab es einen Moment aufrichtiger Bewunderung oder Resonanz?

Welche Aspekte des Berliner Entwicklungsmodells in das Feedback eingebunden werden und in welcher Reihenfolge diese zurückgemeldet werden, bleibt dem Coach überlassen.

Grenzen, Kritik und Möglichkeiten des Positive Coachings

4

Wann immer das Wort „positiv" fällt, lässt Kritik nicht lang auf sich warten. Birgt diese Welt nicht genug Leid, um immer auch Negativität zu rechtfertigen? Leben wir nicht in einer Gesellschaft, die gerade den kritischen Blick als Ideal erachtet? Wenn Positive Coaching persönliches Wachstum unterstützen möchte, was ist dann mit den Menschen, die einfach bleiben wollen, wie sie sind? In zahlreichen Buchkapiteln, Zeitschriftenartikeln und einem sehr fundierten Buch von Michael Tomoff (2017) finden sich reichlich Argumente für und gegen den Fokus auf das Gute in Menschen und dem Leben im Allgemeinen. Einige der wichtigsten Überlegungen mit hoher Relevanz für die Begleitung im Positive Coaching möchte ich hier kurz benennen.

Vom Selbstoptimierungswahn

Jeder Mensch soll das Recht haben, nach dem eigenen Glück zu streben. Dieses Grundrecht war neben dem Recht auf Leben und Freiheit sogar eine der drei Säulen der amerikanischen Unabhängigkeitserklärung. Das Streben nach Glück wurde damit zu einem existenziellen Teil des menschlichen Seins erhoben. Gleichzeitig mehren sich bis heute die Stimmen derer, die befürchten, dass das Streben nach Glück eher noch unglücklicher machen könnte. Wie auch das Streben nach dem perfekten Körper, könnte die Bedeutsamkeit, die wir dem Glücklichsein in unserem Leben einräumen, dazu führen, mit dem, was ist, nicht mehr zufrieden zu sein. Wäre es besser, dem Thema Lebensglück möglichst keine hohe Priorität zu geben, um so emotional unabhängiger davon zu sein, ob wir glücklich sind oder nicht? Die deutsche Wissenschaftlerin Julia Krasko ging mit KollegInnen dieser Frage gleich in mehreren aktuellen Studien auf den Grund (Krasko et al. 2019). Sie machte dabei eine sehr interessante Entdeckung. Ob es glücklich oder unglücklich macht, dem Glück im eigenen Leben Priorität zu geben, hängt davon ab, wie wir dieses Ziel verfolgen. Krasko unterscheidet das *aktive*

J. Mangelsdorf, *Positive Psychologie im Coaching,* essentials,
https://doi.org/10.1007/978-3-658-27632-4_4

Streben nach Glück und *Unglück als Bedrohung* – das Vermeiden von Unglück. Die Forscher fanden heraus, dass Menschen, die dem persönlichen Glück eine hohe Bedeutsamkeit zumessen und proaktiv dafür arbeiten, im Allgemeinen auch glücklicher und zufriedener mit dem eigenen Leben sind. Aber nicht alle Menschen, die Lebensglück priorisieren, macht dies tatsächlich glücklicher. Menschen, für die Glück eine bedeutsame Rolle einnimmt und die versuchen, Glück zu finden in dem sie Negativem ausweichen oder es vermeiden, machen sich damit unglücklich.

Für die praktische Arbeit im Positive Coaching lassen sich diese wissenschaftlichen Ergebnisse so deuten[1]: Andere aktiv darin zu unterstützen, ein erfüllteres Leben zu führen, ist hilfreich für das Lebensglück der KlientInnen, wenn dies unter dem Fokus geschieht, ein proaktives Verhalten zu fördern, dass das eigene Glück unterstützt. Sind KlientInnen vor allem darauf fokussiert, das eigene Glück festhalten zu wollen und auf die Angst, dieses zu verlieren, ist es vermutlich bedeutsam, alternative Annäherungsziele zu finden und neue Perspektiven auf das Thema Lebensglück zu eröffnen.

Von der Pflicht glücklich zu sein
Wenn Glück erlernbar ist, was sagt das dann über Menschen aus, die unglücklich sind? Die amerikanische Wissenschaftlerin Sonja Lyubomirsky und ihre KollegInnen (2005) fanden in einer wegweisenden, aber nicht unumstrittenen Zwillingsstudie heraus, dass etwa 50 % der Unterschiede im Glückserleben zwischen Personen durch genetische Veranlagung erklärt werden können. Etwa 10 % seien den Umständen geschuldet, in denen wir leben (zumindest in Industrienationen, in denen für das Notwendigste gesorgt ist). Die restlichen 40 % aber sind eine Frage der Lebensführung. Nach neuesten Erkenntnissen der Epigenetik würde man sogar von einem noch stärkeren Einfluss der eigenen Lebensgestaltung ausgehen. Wenn ich also auf einen guten Teil meines Glücksempfindens selbst Einfluss nehmen kann, bin ich dann nicht auch verpflichtet, diesen zu nutzen?

Wie auch hinter der Positiven Psychologie selbst, steht hinter der Herangehensweise des Positive Coachings die Grundüberzeugung, dass Menschen nach einem glücklichen und erfüllten Leben streben. Die Positive Psychologie bezieht

---

[1]Die Ergebnisse der Studien von Krasko et al. (2019) beziehen sich auf Querschnittsdaten und nicht auf Interventionsstudien. Sie lassen daher noch keine kausalen Schlüsse zu, was die aktive Beeinflussung der Priorität von Lebensglück und der dazugehörigen Annäherungs- und Vermeidungsstrategie betrifft.

sich dabei unter anderem auf die Grundlagen der humanistischen Psychologie und der Bedürfnispyramide nach Abraham Maslow (2013), die in dem Bedürfnis nach Selbstaktualisierung, also Wachstum mündet. Maslow ging davon aus, dass jeder Mensch in sich das Grundbedürfnis trägt, sich weiterzuentwickeln. Gleichzeitig kennt jeder von uns Menschen – und auch Zeiten im eigenen Leben – in denen wir oder andere weder bereit noch gewillt waren, nach Wachstum oder Glück zu streben. Jeden Tag verbringen Menschen viele Stunden vor dem Fernseher, ernähren sich ungesund, bewegen sich zu wenig, führen Beziehungen fort und bleiben in Jobs, die sie unglücklich machen. Jeder einzelne dieser Aspekte ist (auch) eine Entscheidung gegen das eigene Glück und Ausdruck dessen, dass viele verschiedene psychische Kräfte jenseits des Ideals eines erfüllten Lebens unser Denken und Handeln prägen. Millionen von Menschen priorisieren damit täglich andere psychische Aspekte – wie beispielsweise Gewohnheit – höher, als das Thema persönlicher Erfüllung. Und das ist ihr gutes Recht. Der Positiven Psychologie wird hierbei oft vorgeworfen, ideologisch in das Leben von Menschen eingreifen zu wollen, die sich eben nicht dazu entscheiden, ihr Potenzial zu nutzen oder sich außerstande fühlen dies zu tun. Aussagen der Glücksindustrie wie „Jeder Mensch kann lernen glücklich zu sein", erhöhen den Druck auf die ohnehin Leidenden und sind eine Illusion.

Von diesen Erkenntnissen können einige wichtige ethische Grundsätze abgeleitet werden für das Arbeiten im Positive Coaching:

- Informieren Sie Ihre KlientInnen über den Ansatz des Positive Coachings und dessen implizite Ziele.
- Holen Sie das aktive Einverständnis Ihrer KlientInnen ein, im Prozess persönliche Ressourcen zu erschließen.
- Passen Sie die Prozesstiefe an das Anliegen und die Bedürfnisse der KlientInnen an. Für einige Personen ist es bereits genug, die eigenen Stärken kennenzulernen. Andere ziehen besonderen Nutzen daraus, auch Themen wie Werte oder Sinn zu adressieren.
- Sein Sie jederzeit drauf eingestellt, weniger zu tun oder auf wachstumsorientierte Ansätze zu verzichten. Manchmal ist weniger mehr.
- Auch wenn viele Menschen Positive Coaching gerade deswegen aufsuchen, weil es ihnen ermöglicht, ein erfüllteres Leben zu gestalten, sollte dies nicht als selbstverständliche Prämisse, sondern höchstens als Hypothese für den Prozess dienen.

Von der Angst vor der Oberflächlichkeit
Das Gute zu sehen, ist nicht gleichbedeutend damit, das Schwierige zu ignorieren. Eines der bekanntesten Bücher der Positiven Psychologie – Der Glücksfaktor – (im Englischen „Authentic happiness", Seligman 2011) – trägt auf dem deutschen Cover einen großen gelben Smilie. Seligman sagte einmal zu mir dazu: „Dies ist das größte Verbrechen, was jemals weltweit ein Verlag an mir begangen hat." Was als Marketingstrategie des Herausgeberverlages seine Wirkung sicher nicht verfehlte, spiegelt ein zentrales Problem dieses Fachs wider: positiv wird schnell gleich gesetzt mit oberflächlicher Schönmalerei (Tomoff 2017). Lächeln und fertig. Auch der Begriff „Positive Coaching" birgt daher die Gefahr, missverstanden zu werden, als ein die Probleme negierender Coachingansatz, der nur auf das Gute im Leben schaut. Dass das Wort „positiv" hier auf eine Entwicklungsrichtung verweist, die genauso bei Herausforderungen und Krisen zum Einsatz kommt und auf die Stärkenorientierung des Ansatzes bezogen ist, geht leicht unter. Es ist daher (derzeit noch) von Bedeutung, den Ansatz auch in der eigenen Praxis immer wieder zu erläutern und verstehbar zu machen, worin die Besonderheiten bestehen.

Positive Coaching in Krisenzeiten – Grenzen und Möglichkeiten
Ich werde oft gefragt, ob die Positive Psychologie und der Ansatz des Positive Coachings nicht spätestens dann an seine Grenzen stößt, wenn „echtes" Leid und Krisen im Spiel sind. Da ich selbst mit zahlreichen Hospizdiensten und der Opferhilfe des Weißen Rings zusammenarbeite, ist meine klare Antwort: Nein, im Gegenteil. Gehen wir zunächst der Krise selbst näher auf den Grund. Der Begriff der Krise bezeichnet einen Wendepunkt, dessen Ausgang ungewiss ist. Egal, ob sich ein Staat, ein Unternehmen oder eine Partnerschaft in der Krise befindet, teilen Krisen im Allgemeinen zwei Merkmale. Krisen umfassen sowohl Gefahren als auch Möglichkeiten (Filipp und Aymanns 2018). So kann eine Partnerschaft an der Beziehungskrise zerbrechen oder in ein neues Miteinander finden, das tiefgehender ist, als das zuvor gewesene. Psychische Krisen werden außerdem im Allgemeinen als sehr belastend und beängstigend erlebt. Das Leben scheint aus den Fugen zu geraten. Das Grundgefühl, dass sich die Welt um mich herum so stark verändert hat, dass ich nicht mehr davon überzeugt bin einen Platz in ihr zu haben, erzeugt eine zunehmende emotionale Destabilisierung, Hoffnungslosigkeit und Hilflosigkeit. Gleichzeitig konnten wir in unserer Forschung zeigen, dass grade solche inneren Erschütterungen Transformationsprozesses und persönliches Wachstum hervorrufen können (Mangelsdorf et al. 2019). Wenn ausgeschlossen

werden kann, dass ein Klient eigentlich eine Psychotherapie benötigt, kann die Begleitung von Krisen durch den Ansatz des Positive Coachings die Perspektive schenken, dass solche Erfahrungen ein Möglichkeitsraum für Entwicklung sind. Gestützt von positiver Diagnostik können KlientInnen durch eine aktive Bewältigung in eine neue erfülltere Zukunft zu finden.

Fazit

5

Was kann Coaching für Menschen bewirken? Viele von uns, die seit Jahren und Jahrzehnten als Coaches arbeiten, würden vermutlich folgendes antworten: Coaching kann dabei unterstützen, Herausforderungen und Probleme nicht nur schneller, sondern auch besser zu lösen. So wahr diese Antwort ist, so sehr beschränkt sie doch den Coachingprozess auf den Weg vom Problem zur Lösung. Wer zusätzlich die Perspektiven und Methoden der Positiven Psychologie in den Coachingprozess integriert, unterstützt KlientInnen währenddessen auf den eigenen Weg und zu sich selbst zu finden. Positive Coaching ist mehr als eine Möglichkeit der Prozessgestaltung. Es ist eine Form des Miteinander-Seins. Es beinhaltet, die inzwischen in hunderten Studien wissenschaftlich gestützte Überzeugung, dass jeder Mensch ein besonderes Potenzial trägt, das zu nutzen nicht nur Erfolg verspricht, sondern zu Lebensglück beitragen kann. Viele Menschen kämpfen sich durch den Dschungel des Lebens und finden nur schwer ihren Weg, weil ihnen die eigenen Stärken, Werte und ihr Lebenssinn nicht bekannt sind oder ihnen der Mut fehlt, diese zu leben. Diese Kluft kann mit Positive Coaching überbrückt und damit nicht nur Lösungen geschenkt, sondern echtes Wachstum ermöglicht werden.

© Springer Fachmedien Wiesbaden GmbH, ein Teil von Springer Nature 2020   51
J. Mangelsdorf, *Positive Psychologie im Coaching,* essentials,
https://doi.org/10.1007/978-3-658-27632-4_5

Was Sie aus diesem *essential* mitnehmen können

- Wie Sie KlientInnen in einen wachstumsorientierten Coachingprozess begleiten können
- Wie es gelingt, im Coaching nicht nur Schritte zum Ziel zu erarbeiten, sondern Menschen zeitgleich auf ihren Weg und in ihr Potenzial zu führen
- Wie Sie Coachingprozesse nicht nur leichter, sondern wissenschaftsbasiert noch erfolgreicher gestalten können

© Springer Fachmedien Wiesbaden GmbH, ein Teil von Springer Nature 2020
J. Mangelsdorf, *Positive Psychologie im Coaching,* essentials,
https://doi.org/10.1007/978-3-658-27632-4

Literatur

Achor, S. (2018). *Big potential*. Currency.

Baylis, N. (2004). Teaching positive psychology. In P. A. Linley & S. Joseph (Hrsg.), *Positive practice in psychology* (S. 210–217). Hoboken: Wiley.

Berne, E. (1975). *Was sagen Sie, nachdem Sie guten Tag gesagt haben?: Psychologie des menschlichen Verhaltens*. Frankfurt a. M.: Fischer-Taschenbuch (Kindler).

Biswas-Diener, R. (2010). *Practicing positive psychology coaching*. Hoboken: Wiley.

Biswas-Diener, R., & Dean, B. (2010). *Positive psychology coaching: Putting the science of happiness to work for your clients*. Hoboken: Wiley.

Biswas-Diener, R., Kashdan, T. B., & Minhas, G. (2011). A dynamic approach to psychological strength development and intervention. *The Journal of Positive Psychology, 6*(2), 106–118.

Buckingham, M., & Clifton, D. O. (2007). *Entdecken Sie Ihre Stärken jetzt!: Das Gallup-Prinzip für individuelle Entwicklung und erfolgreiche Führung*. Frankfurt a. M.: Campus.

Cameron, K. (2013). *Practicing positive leadership: Tools and techniques that create extraordinary results*. California: Berrett-Koehler.

Cameron, K., & Plews, E. (2012). Positive leadership in action: Applications of POS by Jim Mallozzi, CEO, Prudential Real Estate and Relocation. *Organizational Dynamics, 41*(2), 99–105.

De Shazer, S., Dolan, Y., & von Varga Kibéd, M. (2018). *Mehr als ein Wunder: Die Kunst der lösungsorientierten Kurzzeittherapie*. Heidelberg: Carl-Auer.

Doran, G. T. (1981). There's a S.M.A.R.T. way to write management's goals and objectives. *Management Review, 70*(11), 35–36.

Driver, M. (2011). *Coaching positively: Lessons for coaches from positive psychology*. London: McGraw-Hill Education.

Ebner, M. (2017). 4-Evening-Questions: Eine einfache Technik mit tiefgreifender Wirkung. *Organisationsberatung, Supervision, Coaching, 24*, 269–282.

Emmons, R., & McCullough, M. (2003). Counting blessings versus burdens. *Journal of Personality and Social Psychology, 84*(2), 377–389.

Filipp, S. H., & Aymanns, P. (2018). *Kritische Lebensereignisse und Lebenskrisen: Vom Umgang mit den Schattenseiten des Lebens*. Stuttgart: Kohlhammer.

Firscher-Epe, M. (2013). *Miteinander Ziele erreichen*. Rowohlt.

Frankl, V. E. (1992). *Man's search for meaning* (4. Aufl.). Boston: Beacon.

© Springer Fachmedien Wiesbaden GmbH, ein Teil von Springer Nature 2020
J. Mangelsdorf, *Positive Psychologie im Coaching*, essentials,
https://doi.org/10.1007/978-3-658-27632-4

Fredrickson, B. L. (1998). What good are positive emotions? *Review of General Psychology, 2*(3), 300–319.

Fredrickson, B. L. (2004). The broaden-and-build theory of positive emotions. *Philosophical Transactions of the Royal Society B: Biological Sciences, 359*(1449), 1367–1377.

Fredrickson, B. L. (2011). *Die Macht der guten Gefühle: Wie eine positive Haltung Ihr Leben dauerhaft verändert*. Frankfurt a. M.: Campus.

Fredrickson, B. L., & Joiner, T. (2002). Positive emotions trigger upward spirals toward emotional well-being. *Psychological Science, 13*(2), 172–175.

Fredrickson, B. L., & Joiner, T. (2018). Reflections on positive emotions and upward spirals. *Perspectives on Psychological Science, 13*(2), 194–199.

Fredrickson, B. L., & Kahneman, D. (1993). Duration neglect in retrospective evaluations of affective episodes. *Journal of Personality and Social Psychology, 65*(1), 45–55.

Fredrickson, B. L., Mancuso, R. A., Branigan, C., & Tugade, M. M. (2000). The undoing effect of positive emotions. *Motivation and Emotion, 24*(4), 237–258.

Govindji, R., & Linley, P. A. (2007). Strengths use, self-concordance and well-being: Implications for strengths coaching and coaching psychologists. *International Coaching Psychology Review, 2*(2), 143–153.

Harzer, C., & Ruch, W. (2013). The application of signature character strengths and positive experiences at work. *Journal of Happiness Studies, 14*(3), 965–983.

Hodges, T. D., & Clifton, D. O. (2004). Strengths-based development in practice. *Positive Psychology in Practice, 1*, 256–268.

Hirschhausen, E. (2009). *Glück kommt selten allein…* Rowohlt.

Kauffman, C. (2006). Positive psychology: The science at the heart of coaching. In D. R. Stober & A. M. Grant (Hrsg.), *Evidence based coaching handbook: Putting best practices to work for your clients* (S. 219–253). Hoboken: Wiley.

Kauffman, C., & Scouler, A. (2004). Toward a positive psychology of executive coaching. In A. Linley & S. Josephs (Hrsg.), *Positive psychology in practice*. Hoboken: Wiley.

Keller, T. (2016). *Persönliche Stärken entdecken und trainieren: Hinweise zur Anwendung und Interpretation des Charakterstärken-Tests*. Berlin: Springer-Verlag.

Keltner, D., & Haidt, J. (2003). Approaching awe, a moral, spiritual, and aesthetic emotion. *Cognition and Emotion, 17*(2), 297–314.

Keyes, C. L., & Haidt, J. E. (2003). *Flourishing: Positive psychology and the life well-lived*. Washington DC: American Psychological Association.

Krasko, J., Schweitzer, V., & Luhmann, M. (2019). The significance of happiness and its association with well-being. Preprint doi: https://doi.org/10.31234/osf.io/an89h.

Lally, P., Van Jaarsveld, C. H., Potts, H. W., & Wardle, J. (2010). How are habits formed: Modelling habit formation in the real world. *European Journal of Social Psychology, 40*(6), 998–1009.

Linley, A., & Bateman, T. (2018). *The strengths profile book*. Birmingham: Capp Press.

Linley, A. P., & Carter, D. (2007). From stress to strengths. *Training Journal, 2007*, 30–34.

Linley, P. A., Nielsen, K. M., Gillett, R., & Biswas-Diener, R. (2010). Using signature strengths in pursuit of goals: Effects on goal progress, need satisfaction, and well-being, and implications for coaching psychologists. *International Coaching Psychology Review, 5*(1), 6–15.

Lyubomirsky, S., Sheldon, K. M., & Schkade, D. (2005). Pursuing happiness: The architecture of sustainable change. *Review of General Psychology, 9*(2), 111–131.

Mangelsdorf, J., Eid, M., & Luhmann, M. (2019). Does growth require suffering? A systematic review and meta-analysis on genuine posttraumatic and postecstatic growth. *Psychological Bulletin, 145*(3), 302–338.

Maslow, A. H. (2013). *Toward a psychology of being.* Simon and Schuster.

McQuaid, M., Niemiec, R., & Doman, F. (2018). A character strengths-based approach to positive psychology coaching. In S. Palmer & S. Green (Hrsg.), *Positive psychology coaching in practice* (S. 93–106). New York: Routledge.

Middendorf, J. (2018). *Lösungsorientiertes Coaching.* Springer.

Niemiec, R. M. (2018). Six functions of character strengths for thriving at times of adversity and opportunity: A theoretical perspective. *Applied Research in Quality of Life,* 1–22.

Orem, S. L., Binkert, J., & Clancy, A. L. (2007). *Appreciative coaching: A positive process for change.* Hoboken: Wiley.

Palmer, S., & Whybrow, A. (2017, October 18). *What do coaching psychologists and coaches really do? Results from two International surveys.* Invited paper at the 7th international congress of coaching psychology 2017. Theme: Positive and Coaching Psychology: Enhancing Performance, Resilience, and Well-being, London.

Palmer, S., & Whybrow, A. (Hrsg.). (2018). *Handbook of coaching psychology: A guide for practitioners.* Hove: Routledge.

Peterson, C., & Seligman, M. E. P. (2004). *Character strengths and virtues: A handbook and classification* (Bd. 1). Oxford: Oxford University Press.

Radatz, S. (2018). *Beratung ohne Ratschlag. Systemisches Coaching für Führungskräfte und BeraterInnen* (10. Aufl.). Wolkersdorf: literatur-vsm.

Schnell, T. (2016). *Psychologie des Lebenssinns.* Berlin: Springer.

Schuster, B. (2017). Große Schulen der Psychologie und darauf aufbauende Psychotherapietheorien. In B. Schuster (Hrsg.), *Pädagogische Psychologie* (S. 5–22). Berlin: Springer.

Seligman, M. E. P. (2007). Coaching and positive psychology. *Australian Psychologist, 42*(4), 266–267.

Seligman, M. E. P. (2011). *Der Glücks-Faktor: Warum Optimisten länger leben.* Bastei Lübbe.

Seligman, M. E. P. (2012). *Flourish: A visionary new understanding of happiness and well-being.* New York: Simon & Schuster.

Seligman, M. E. P., Steen, T. A., Park, N., & Peterson, C. (2005). Positive psychology progress: Empirical validation of interventions. *The American Psychologist, 60*(5), 410–421.

Shiota, M. N., Thrash, T. M., Danvers, A. F., & Dombrowski, J. T. (2014). Transcending the self: Awe, elevation, and inspiration. In M. M. Tugade, M. N. Shiota, & L. D. Kirby (Hrsg.), *Handbook of positive emotions* (S. 362–377). New York: Guilford Press.

Snow, N. E. (2019). Positive psychology, the classification of character strengths and virtues, and issues of measurement. *The Journal of Positive Psychology, 14*(1), 20–31.

Snyder, C. R. (2002). Hope theory: Rainbows in the mind. *Psychological Inquiry, 13*(4), 249–275.

Snyder, C. R., & Lopez, S. J. (Hrsg.). (2009). *Oxford handbook of positive psychology.* Oxford: Oxford Library of Psychology.

Spenst, D. (2018). *Das 6-Minuten-Tagebuch.* Paderborn: UrBestSelf Publishing.

Tomasulo, D. (2019, July 20). *Strengths atom.* Poster Presentation at the Workshop at the 6th World Congress on Positive Psychology, Melbourne, Australia.

Tomoff, M. (2017). *Positive Psychologie-Erfolgsgarant oder Schönmalerei?* Berlin: Springer-Verlag.

Van Cappellen, P., Rice, E. L., Catalino, L. I., & Fredrickson, B. L. (2017). Positive affective processes underlying positive health behavior change. *Psychology & Health.* doi: https://doi.org/10.1080/08870446.2017.1320798.

Von Hirschhausen, E. (2016). *Glück kommt selten allein....* Hamburg: Rowohlt.

Wagner, E., & Russinger, U. (2018). Gibt es eine affektive Wende in der Systemischen Einzeltherapie? *PiD-Psychotherapie im Dialog, 19*(1), 83–88.

Weinbauer-Heidel, I. (2016). *Was Trainings wirklich wirksam macht: 12 Stellhebel der Transferwirksamkeit.* Tredition.

Printed in the United States
By Bookmasters